NIKOLA HILD · KATHARINA HILD

Schwäbisch backen

SÜSS UND DEFTIG –
50 RAFFINIERTE REZEPTE AUS DER HEIMAT

SILBERBURG

VORWORT

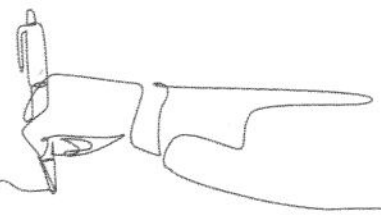

Liebe Leserinnen und Leser,

Württemberg zählt seit Urzeiten zu den klassischen Getreideregionen. Für die Ernährung breiter Bevölkerungsschichten war Mehl stets eine unerlässliche Grundlage. Nicht zu Unrecht wird es gelegentlich als das Rückgrat der schwäbischen Küche bezeichnet. Vor diesem Hintergrund entstand fast zwangsläufig eine reiche Backkultur, die sich nicht auf das Grundnahrungsmittel Brot beschränkt. Dabei entwickelten sich in verschiedenen Regionen des Landes teilweise unterschiedliche Spezialitäten. In den überwiegend wohlhabenden Reichsstädten konnten diese zuweilen recht verschwenderisch ausfallen, wofür Ulmer Zuckerbrot das beste Beispiel ist.

Ganz anders die Situation auf dem breiten Land. In den armen Dörfern des protestantischen Alt-Württemberg entwickelte sich die Liebe zu Mehlspeisen aus der puren Not. Denn der Masse der Landeskinder standen kaum andere Nahrungsquellen zur Verfügung. Im katholisch geprägten Neu-Württemberg dagegen geht die Popularität der Mehlspeisen ganz wesentlich auf die strengen Fastengebote der katholischen Kirche zurück.

Natürlich ist die schwäbische Backkunst keine statische Angelegenheit, sondern zeichnet sich durch ständige Veränderungen und dynamische Weiterentwicklungen aus. Heute steht uns eine Vielzahl hochwertiger Qualitätsprodukte zur Verfügung, die die Überlebensbäckerei unserer Vorfahren in den Adelsstand eines schwäbischen Savoir-vivre erheben.

Guten Appetit!

Ihre Katharina Hild & Nikola Hild

INHALT

Partygebäck & kleine Häppchen ... 37

Habhafte & süße Aufläufe 63

Süßes zu Tee und Kaffee 89

Deftiges aus dem Ofen

KRAUTKUCHEN
VOM FILDERKRAUT

Seit 2012 führt Filderkraut das Gütesiegel »g.g.A.«, also geschützte geografische Angabe. Somit darf die spitze Variante des Rundkohls unter diesem Namen ausschließlich auf der Filderebene angebaut werden. Auf dem dortigen fruchtbaren Lössboden gedeiht der Vitaminspender ganz besonders gut. Gleichwohl ist heute nur noch etwa ein Fünftel der Kohlanbaufläche auf den Fildern mit Spitzkohl bepflanzt. Zwar ist er im Geschmack zarter und feiner als sein rundköpfiger Verwandter, in der Handhabung jedoch deutlich divenhafter.

FÜR EINE SPRINGFORM MIT 26 CM DURCHMESSER

FÜR DEN TEIG

10 g frische Hefe
125 ml lauwarme Milch
250 g Weizenmehl (Type 405)
½ TL Salz
50 g Butter
etwas Butter zum Einfetten der Form

FÜR DEN BELAG

750 g Sauerkraut (bevorzugt Filderkraut)
200 g gewürfelter Speck
Butterschmalz
300 g saure Sahne
3 Eier
1 TL Kümmel
Salz, frisch gemahlener schwarzer Pfeffer

Für den Teig die Hefe mit der lauwarmen Milch glatt rühren. Mit den übrigen Zutaten zu einem glatten Teig verarbeiten und diesen an einem warmen Ort etwa 30 Minuten abgedeckt ruhen lassen, bis er zur doppelten Höhe aufgegangen ist.

Für die Füllung das Filderkraut waschen und fein hobeln. Zusammen mit dem Großteil der Speckwürfel in Butterschmalz anbraten, jedoch nicht braun werden lassen. Vom Herd nehmen und abkühlen lassen. Die saure Sahne mit den Eiern verrühren. Kümmel zugeben, mit Pfeffer und Salz würzen und unter die Kraut-Speck-Masse heben.

Den Teig auf einer bemehlten Unterlage auswellen, in eine gebutterte Springform geben und einen Rand formen. Die Kraut-Speck-Sahne-Masse darauf verteilen, mit den restlichen Speckwürfeln bestreuen und im vorgeheizten Backofen bei 220 °C (Ober-/Unterhitze) etwa 45 Minuten backen, bis die Oberfläche leicht gebräunt ist.

MANGOLD-GUGELHUPF
MIT KRÄUTER-DIP

Der Gugelhupf gilt als der König unter den Kuchen und als Inbegriff schwäbischer Sonntagsgemütlichkeit. Allerdings bezieht sich die Bezeichnung Gugelhupf nicht zwangsläufig auf eine bestimmte Teigzubereitung. Zumeist verweist sie lediglich auf die typische ringförmig geschwungene Form des Kuchens mit den leicht schräg verlaufenden Rillen. Daher lässt sich das traditionell eigentlich süße Gebäck durchaus auch als habhafte Variante zubereiten.

FÜR EINE GUGELHUPFFORM MIT 20 CM DURCHMESSER

FÜR DEN GUGELHUPF

Fett und Semmelbrösel für die Gugelhupfform
200 g Mangoldblätter
300 g Dinkelvollkornmehl (Type 1050)
1 TL Backpulver
4 Eier
2 TL Salz
2 EL Sonnenblumenkern- oder Rapsöl
200 ml Milch
geriebene Muskatnuss
2 EL gehackte Kräuter (Petersilie, Schnittlauch, Thymian)
100 g geriebener Käse (bevorzugt Albkäse)

FÜR DEN KRÄUTER-DIP

1 Bund Schnittlauch
½ Bund Petersilie
weitere Kräuter nach Geschmack: Kerbel, Borretsch, Dill oderThymian
300 g Crème fraîche
frisch gemahlener schwarzer Pfeffer, Salz

Für den Gugelhupf zunächst den Backofen auf 200 °C (Ober-/Unterhitze) vorheizen. Die Form fetten und mit Semmelbröseln ausstreuen. Den Mangold waschen, grobe Stiele entfernen und die Blätter 3 Minuten in kochendem Salzwasser blanchieren. Abschrecken, abtropfen lassen und anschließend fein hacken. Das Mehl mit dem Backpulver mischen und sieben. Die Eier mit Salz schaumig schlagen, Öl und Milch langsam untermischen und mit Muskat würzen. Mehlmischung, Kräuter, Mangold und Käse zügig unterrühren. Bei Bedarf noch Milch oder Mehl ergänzen, bis der Teig mittelschwer vom Löffel läuft. Teig in die Form füllen und etwa 45 Minuten goldbraun backen. Herausnehmen, etwas abkühlen lassen, aus der Form stürzen und auf einem Gitter ganz abkühlen lassen.

Für den Dip die Kräuter waschen und sehr fein hacken. Die Crème fraîche mit Pfeffer und Salz würzen, die kleingeschnittenen Kräuter unterrühren und den Dip bis zum Servieren kalt stellen.

ÜBERBACKENES OFENGEMÜSE

MIT BUBASPITZLE

Bubaspitzle sind eine Errungenschaft des Dreißigjährigen Krieges. Den Landsknechten wurden gruppenweise Mehlrationen zugeteilt, aus denen sie sich ihre Mahlzeiten selbst zubereiten mussten. Aus Mehl und Wasser – damals noch ohne Kartoffeln – formten die Söldner längliche Nudeln, die in Größe und Form an Knabenpenisse erinnern. Auf gut Schwäbisch: Bubaspitzle.

FÜR 4 PERSONEN

FÜR DIE BUBASPITZLE

500 g mehligkochende Kartoffeln
125 g Weizenmehl (Type 405)
1 Ei
Salz
geriebene Muskatnuss

FÜR DAS OFENGEMÜSE

200 g Champignons (von der Alb)
150 g Kräuterseitlinge
3 EL Olivenöl
250 g Kirschtomaten
1 Knoblauchzehe
Salz, frisch gemahlener schwarzer Pfeffer
geriebene Muskatnuss
100 ml Gemüsefond
100 g Sahne
150 g geriebener Käse (bevorzugt Albkäse)
50 g angeröstete Kürbiskerne
1 Bund klein geschnittener Schnittlauch

Für die Bubaspitzle die bereits am Vortag gekochten Kartoffeln schälen und durch eine Kartoffelpresse drücken. Mit Mehl, Ei, Salz und Muskat von Hand zu einem Teig kneten. Bei Bedarf noch etwas Mehl zugeben. Fingerdicke und -lange Würstchen formen. Diese Bubaspitzle nach und nach in rund 2 Liter siedendem Salzwasser garen, bis sie an der Oberfläche schwimmen. Mit einem Schaumlöffel herausnehmen und auf einer Platte zum Trocknen verteilen.

Für das Ofengemüse die Pilze säubern und in mundgerechte Stücke schneiden. In einer Pfanne mit Olivenöl kurz stark anbraten. Die gewaschenen Kirschtomaten beigeben und ebenfalls kurz anbraten. Zum Schluss den fein gehackten Knoblauch beigeben, alles mit Salz, Pfeffer und Muskat würzen und vom Herd nehmen. Gemüsefond und Sahne in einem Topf leicht erwärmen. Schupfnudeln und Gemüse auf einem Backblech verteilen, mit der Flüssigkeit übergießen und den Käse darüberstreuen. Im vorgeheizten Backofen bei 200 °C (Ober-/Unterhitze) etwa 15 bis 20 Minuten überbacken. Vor dem Servieren mit den angerösteten Kürbiskernen und Schnittlauchröllchen garnieren.

KARTOFFELSTRUDEL

MIT ALB-CHAMPIGNONS

Strudel ist ein wunderbar wandelbares Gebäck. Tatsächlich kann die chamäleonartige Teigrolle mit fast allem, was Garten, Küche und Keller bieten, eine gelungene Verbindung eingehen. Das Innenleben kann aus Brät, Hackfleisch, Kräutern, Pilzen, Kraut und vielem mehr bestehen und so zu einer ebenso sinnvollen wie schmackhaften Resteverwertung werden.

FÜR 4 PERSONEN

FÜR DIE FÜLLUNG

400 g Kartoffeln
100 g Champignons (bevorzugt von der Alb)
200 g Petersilienwurzel
1 große rote Paprika
2 EL Butterschmalz
100 g fein gewürfelter Speck
Salz, frisch gemahlener schwarzer Pfeffer
geriebene Muskatnuss

FÜR DEN TEIG

250 g Weizenmehl (Type 405)
1 Ei
2 EL Sonnenblumenöl
1 Prise Salz
100 ml lauwarmes Wasser

Für die Füllung die Kartoffeln waschen, schälen und grob raspeln. Die Pilze säubern und in kleine Stücke schneiden. Die Petersilienwurzel waschen, schälen und in kleine Würfel schneiden. Paprika waschen und abtrocknen, Kerne und Strunk entfernen und ebenfalls in kleine Würfel schneiden. Alles mit dem Butterschmalz und den Speckwürfeln in einer großen Pfanne anbraten. Mit Salz, Pfeffer sowie Muskatnuss würzen und abkühlen lassen.

Anschließend alle Teigzutaten auf einer Arbeitsfläche zu einem glatten und kompakten Teig verarbeiten. Auf einer bemehlten Fläche rechteckig und dünn ausrollen. Die Füllung gleichmäßig darauf verteilen und über die lange Seite zu einem Strudel zusammenrollen. Auf einem mit Backpapier ausgelegten Blech im vorgeheizten Backofen bei 200 °C (Ober-/Unterhitze) rund 35 Minuten backen. Etwas abkühlen lassen und mit Salat nach Wahl servieren.

SPINATKUCHEN NACH
ART DER LÖFFLERIN

In Kürnbach erinnert der Löfflerinweg an die schwäbische Kochbuchautorin Friederike Luise Löffler, kurz Löfflerin genannt. Nachdem die 1744 geborene Kürnbacherin bei Prinz Friedrich Eugen von Württemberg ihr Können unter Beweis gestellt hatte, stieg sie als Köchin der Landschaftsvertreter in Stuttgart zur ersten Köchin des Herzogtums auf. Als sie im Alter von 35 Jahren einen Musiker heiratete, galt sie nach damaligen Gesichtspunkten fast schon als »Altledige«. In den folgenden Jahren brachte sie nicht nur sieben Kinder zur Welt, sondern auch ihre kulinarischen Kenntnisse zwischen zwei Buchdeckel. Mit ihrem 1791 erschienenen »Neuen Kochbuch« landete sie einen echten Bestseller, von dem bis 1930 immerhin 38 Auflagen auf den Markt kamen. 1805 starb die »unvergessliche Löfflerin«, eine der berühmtesten Köchinnen des 18. Jahrhunderts.

FÜR 4 PERSONEN

FÜR DIE FLÄDLE
500 ml Milch
250 g Weizenmehl (Type 405)
2 Eier
½ TL Salz
geriebene Muskatnuss
Butterschmalz zum Ausbacken

FÜR DEN BELAG
2 Milchbrötchen
150 ml Milch
500 g Spinat
1 große Zwiebel
Butterschmalz
frisch gemahlener schwarzer Pfeffer, Salz
geriebene Muskatnuss
4 Eier
Fett für den Boden einer Springform
Semmelbrösel

Zur Zubereitung der Flädle (die schwäbische dünne Pfannkuchenvariante) mit der Hälfte der Milch das Mehl, die Eier, das Salz und den Muskat zu einem dicken, glatten Teig rühren. Erst danach die restliche Milch zugeben und verrühren. In einer Pfanne mit Butterschmalz dünne, möglichst gleich große Flädle mit einem Durchmesser von 26 cm ausbacken.

Für den Belag die Milchbrötchen in Würfel schneiden und mit der Milch übergießen. Den Spinat waschen, grobe Stiele entfernen, klein hacken. Zwiebel schälen, klein schneiden und in einer großen Pfanne mit Butterschmalz anschwitzen. Spinat zugeben und gar dünsten. Mit Pfeffer, Salz und Muskat würzen und erkalten lassen.

Die Brötchenmasse ausdrücken und unter den Spinat mischen. Die Eier verquirlen und mit der Masse verrühren.

Den Boden einer Springform fetten und mit Semmelbröseln bestreuen. Ein Flädle auf den Boden legen und mit der Spinatmasse bestreichen. Dann immer abwechselnd Flädle und Masse verarbeiten, wobei die letzte Lage ein Flädle ist. Mit einem verstellbaren Tortenring fixieren. Im vorgeheizten Ofen bei 200 °C (Ober-/Unterhitze) etwa 60 Minuten backen.

Je nach Gusto serviert man dazu eine warme Kräutersauce.

GEMÜSEKUCHEN
MIT ALB-KRÄUTERN

Löwenzahn, Giersch, Brennnessel und Konsorten bescheren Hobbygärtnern zuverlässig Alpträume. Aber sowohl im Pfannkuchen- oder Spätzlesteig als auch in Form von Salat, Pesto oder Suppe präsentieren sich die kleinen Gartenterroristen als kulinarische und gesunde Bereicherung.

FÜR EINE TARTEFORM MIT 28 CM DURCHMESSER

FÜR DEN TEIG

150 g Weizenmehl (Type 405)
1 Ei
1 Prise Salz
80 g kalte Butter in kleinen Flocken
100 g fein gehackte Walnusskerne
etwas Fett und Mehl für die Tarteform
50 g gemahlene Walnusskerne

FÜR DIE FÜLLUNG

50 g Alb-Kräuter, fein gehackt (z. B. Spitzwegerich, Sauerampfer und Pimpinelle; alternativ Petersilie, Dill und Thymian)
einige Kräuter zur Dekoration ganz lassen
3 Frühlingszwiebeln
200 g Sahne
100 g Frischkäse (wer es würziger mag, nimmt Ensmader Ziegenfrischkäse)
4 Eier
frisch gemahlener schwarzer Pfeffer, Salz
180 g Erbsen
100 g fein gewürfelter Mozzarella (bevorzugt Albzarella oder für mehr Würze alternativ Ensmader Ziegencamembert)

Für die Tarte Mehl, Ei, Salz und Butterflocken zügig zu einem Teig verarbeiten. Zuletzt die gehackten Walnüsse einarbeiten. Ausrollen, in die gefettete und bemehlte Tarteform setzen und am Rand andrücken. Mit den Walnüssen bestreuen. Im vorgeheizten Ofen bei 200 °C (Ober-/Unterhitze) rund 15 Minuten vorbacken.

Für die Füllung die Kräuter waschen, abtrocknen und fein hacken. Frühlingszwiebeln waschen, abtrocknen und fein schneiden. Die Kräuter mit der Sahne, dem Frischkäse und den Eiern vermengen und mit Pfeffer und Salz würzen. Erbsen und Frühlingszwiebeln gleichmäßig auf dem vorgebackenen Teig verteilen. Eier-Mix darübergießen und Mozzarellawürfel darüber verteilen. Im vorgeheizten Backofen bei 200 °C (Ober-/Unterhitze) etwa 35 Minuten backen. Abkühlen lassen und mit den restlichen Kräutern belegen.

REUTLINGER SCHIEDWECKEN

Alljährlich wird in Reutlingen am Mittwoch nach *Reminiscere*, dem zweiten Sonntag der Fastenzeit, der Schiedweckentag begangen. Der Reutlinger »Nationalfeiertag« hat seinen Ursprung im Brauch des »Karz-Gehens«. Um Holz und Licht zu sparen, traf man sich im Winter im Lichtkarz. In der warmen Stube wurde nicht nur fleißig gearbeitet, sondern auch ausgiebig gescherzt, gesungen und geflirtet. Zum »Saisonabschluss« gab es Wecken und Wein oder Most. Aus dem einstmals bescheidenen Schiedwecken wurde im Lauf der Zeit eine habhafte Pastete mit üppiger Kalbfleischfüllung.

FÜR 4 PERSONEN

ZUTATEN

500 g Blätterteig
500 g Kalbfleisch
2 Zwiebeln
1 Bund klein gehackte Petersilie
geriebene Muskatnuss
Salz, frisch gemahlener schwarzer Pfeffer
2 EL Butter
1 Ei
nach Geschmack Zitronensaft zum Beträufeln der fertigen Pastete

Den Blätterteig ausrollen und 3 gleich große Kreise (Boden, Zwischenlage, Deckel) und einen umlaufenden Kranz ausschneiden. Ein Backblech mit Backpapier auslegen und mit dem Boden belegen.

Das Fleisch in kleine, dünne Streifen schneiden. Zwiebeln schälen und klein schneiden. Die Petersilie waschen, trocknen, die Stiele entfernen und die Blätter klein hacken. Alles miteinander vermischen und mit Muskatnuss, Salz und Pfeffer abschmecken.

Diese Füllung auf dem Blätterteigboden verteilen und mit Butterflocken bestreuen, dabei den Rand umlaufend frei lassen. Rand mit etwas Wasser befeuchten, Zwischenlage auflegen und ringsum leicht andrücken. Zwischenlage wieder am Rand umlaufend mit Wasser befeuchten, Deckel auflegen und leicht andrücken. Deckel wieder am Rand umlaufend mit Wasser befeuchten, Kranz auflegen und leicht andrücken Alles mit verquirltem Ei bestreichen und mit einem scharfen Messer am Rand umlaufend in etwa 1 cm Abstand nicht zu tiefe Schnitte durch

Kranz, Deckel, Zwischenlage und Boden setzen. Den Deckel ebenfalls mit einem scharfen Messer nicht zu tief gitterförmig einschneiden (die Zwischenlage sollte hierbei nicht durchtrennt werden). In der Mitte ein etwa 1,5 cm rundes Loch durch Deckel und Zwischenlage schneiden. Nach Belieben den Deckel mit den restlichen Stücken vom Blätterteig verzieren und ebenfalls mit Ei bestreichen.

45 Minuten im auf 180 °C (Ober-/Unterhitze; Umluft 160 °C) vorgeheizten Backofen backen. Dann abkühlen lassen und lauwarm servieren. Nach Belieben mit etwas Zitronensaft beträufeln. Dazu passt grüner oder gemischter Salat. Alternativ kann man auch mehrere kleine Pasteten zubereiten.

KÜRBISKUCHEN
MIT PIKANTER NOTE

Genau genommen ist der Kürbis kein Schwabe, sondern ein Einwanderer. Immerhin lässt sich seine Existenz in Württemberg seit 1543 nachweisen. Infolge der Entdeckungsreisen gelangte der Gartenkürbis ebenso wie zahlreiche andere Kulturpflanzen im 16. Jahrhundert nach Europa. Dort wurden sie zunächst vor allem als exotische Zierpflanzen angebaut. Die Bauern begegneten den neuen Nahrungspflanzen jedoch sehr lange mit großer Skepsis.

FÜR EINE SPRINGFORM MIT 26 CM DURCHMESSER

FÜR DEN MÜRBTEIG

125 g kalte Butter
250 g Weizenmehl (Type 405)
1 Ei
1 Prise Salz
etwas Fett für die Springform

FÜR DEN BELAG

1 kg Kürbis (z. B. Hokkaido)
4 mittlere Zwiebeln
2 EL Butter
200 g Crème fraîche
3 Eier
frisch gemahlener schwarzer Pfeffer, Salz
geriebene Muskatnuss

Für den Teig die Butter in Stücke schneiden und mit dem Mehl, dem Ei und dem Salz zügig zu einem glatten Teig kneten. Eine Kugel formen, diese platt drücken und in Frischhaltefolie 30 Minuten kalt stellen. Backofen auf 200 °C (Ober-/Unterhitze) vorheizen. Die Springform leicht fetten.

Später den fertig gekühlten Teig auf einer leicht bemehlten Arbeitsfläche ausrollen, in die Form legen und einen etwa 2 cm hohen Rand formen. Den Boden mehrmals mit einer Gabel einstechen, damit er sich nicht wölbt. Im Ofen etwa 10 Minuten vorbacken. Während der Teig im Kühlschrank ruht, für den Belag den Kürbis waschen und schälen. Dann halbieren und die inneren Faserteile mit den Kernen entfernen. Das Fruchtfleisch grob raspeln. Die Zwiebeln schälen und klein schneiden. Mit der Butter in einer Pfanne glasig anschwitzen und abkühlen lassen.

Crème fraîche mit den Eiern verrühren, die kalten Zwiebeln und die Kürbisraspel unterheben. Mit Salz, Pfeffer und Muskat würzen und auf dem vorgebackenen Teig verteilen. 35 Minuten backen, bis die Kürbisraspel weich sind.

PFITZAUF
MIT HONAUFORELLE

Das Echaztal ist in Honau extrem schmal und schattig. Es bietet fast gar kein Ackerland und kaum Anbauflächen. Daher entwickelte sich die Fischerei neben dem Tuffsteinabbau zu einem wichtigen Erwerbszweig der Dorfbewohner. Am südlichen Talschluss, unterhalb von Schloss Lichtenstein, befindet sich die Echazquelle und ganz in der Nähe eine Fischzuchtanlage. Hier bietet das kristallklare, kalte und sauerstoffreiche Quellwasser ideale Lebensbedingungen für die Forellen.

FÜR 4 PERSONEN

FÜR DIE 12 PFITZAUFFORMEN

250 g Weizenmehl (Type 405)
500 ml Milch
4 Eier
1 Prise Salz
2 EL zerlassene Butter
Butter für die Förmchen

FÜR DEN SALAT

16 Stangen dünner grüner Spargel
16 Stangen dünner weißer Spargel
Himbeeressig
Sonnenblumenöl
frisch gemahlener schwarzer Pfeffer, Salz
4 EL Granatapfelkerne
4 geräucherte Forellenfilets (bevorzugt von der Honau-Forelle)

Für die Pfitzauf den Backofen zuerst auf 200 °C (Ober-/Unterhitze) vorheizen.

Aus Mehl, Milch, Eiern, einer Prise Salz (und nach Belieben etwas Zucker) rührt man einen glatten Teig. Alle Zutaten sollten Zimmertemperatur haben. Zuletzt mischt man die flüssige Butter unter. Den flüssigen Teig mit einer Schöpfkelle in die gut gefetteten Pfitzaufformen geben, dabei die Formen nur zur Hälfte füllen.

In die Mitte des vorgeheizten Backofens einschieben und etwa eine Dreiviertelstunde backen, bis der Teig auf das Doppelte aufsteigt und das Gebäck eine schöne, goldbraune Farbe bekommt. Die Backofentür während des ganzen Backvorgangs nicht öffnen (sonst fällt der Teig zusammen). Die Formen aus dem Ofen holen, kurz auskühlen lassen und die Pfitzauf vorsichtig aus den Formen lösen.

Den grünen Spargel waschen und die Endstücke abschneiden. In Salzwasser bissfest garen. Den weißen Spargel waschen, schälen und ebenfalls in Salzwasser bissfest garen. Nach dem Garen den Spargel jeweils mit kaltem Wasser gut abschrecken, damit er nicht nachgart und zu weich wird.

Aus Essig, Öl, Pfeffer und Salz ein Dressing anrühren. Spargel klein schneiden und mit den Granatapfelkernen in das Dressing geben. Forellenfilets in mundgerechte Stücke schneiden und vorsichtig unter den Salat heben. Alles zusammen mit den fertigen Pfitzauf servieren.

KÄSWÄHE

Mittlerweile ist der Begriff Wähe etwas erklärungsbedürftig. Denn der flache Blechkuchen erfreut sich heute nur noch geringer Popularität. Zahlreiche seiner nahen und fernen Verwandten wie Quiche, Tarte, Dinnete oder Flammkuchen sind deutlich präsenter. Sie haben alle einen Teigboden aus – je nach Region – Hefe-, Mürb- oder gelegentlich Blätterteig. Dieser Boden erhält einen Belag aus unterschiedlichsten Zutaten, der vor dem Backen mit einem Mix aus Rahm oder Milch und Ei übergossen wird. Es finden sich darunter süße Varianten mit Äpfeln, Rosinen und Zucker, während man in Alt-Württemberg meist habhafte Zubereitungsarten bevorzugt.

FÜR EINE SPRINGFORM MIT 26 CM DURCHMESSER

FÜR DEN MÜRBTEIG

125 g kalte Butter
250 g Weizenmehl (Type 405)
3 EL Wasser
1 Prise Salz
Butter für die Springform

FÜR DEN BELAG

200 g gekochter Schinken
3 Eigelb
450 g Sahne
120 g geriebener Käse (bevorzugt Albkäse)
frisch gemahlener schwarzer Pfeffer, Salz
geriebene Muskatnuss
Schnittlauchröllchen zum Bestreuen

Für den Boden der Wähe die kalte Butter in kleine Stücke schneiden und mit dem Mehl, dem Wasser und dem Salz zügig zu einem glatten Teig kneten. Eine Kugel formen, diese platt drücken und in Frischhaltefolie für 15 Minuten im Kühlschrank lagern. Backofen auf 230 °C (Ober-/Unterhitze) vorheizen. Die Springform fetten, den ausgewellten Teig damit auslegen und einen Rand hochziehen.

Für den Belag den Schinken in feine Streifen schneiden und auf dem Teig verteilen. Restliche Zutaten gut miteinander vermengen, würzen und über den Teig gießen. Etwa 15 bis 20 Minuten backen, bis die Käswähe eine goldgelbe Kruste hat. Vor dem Servieren mit frischen Schnittlauchröllchen bestreuen.

GSALZENER RAHMKUCHEN
MIT FRÜHLINGSZWIEBELN

In Württemberg zählten Mehlspeisen stets zu den Grundpfeilern der Ernährung. Hier galt das Mehl als zu wertvoll, um es – wie zeitweise bei Hof üblich – zum Pudern der Haare zu verschwenden. Daher waren die dörflichen Backhäuser, in denen neben Brot auch Dinnete, Rahm- und Zwiebelkuchen gebacken wurden, eine wichtige Institution. Die Organisation des Backbetriebs oblag dem »Backweib«, das die Anmeldungen der Dorfbewohnerinnen entgegennahm. Gegen eine geringe Gebühr konnte das Backhaus von allen Ortsansässigen genutzt werden. Bei Terminüberschneidungen entschied das Los.

FÜR EINE SPRINGFORM MIT 26 CM DURCHMESSER

FÜR DEN MÜRBTEIG

125 g kalte Butter
250 g Weizenmehl (Type 405)
1 Ei
1 Prise Salz

FÜR DEN BELAG

½ Bund Frühlingszwiebeln
300 g Crème fraîche
3 Eigelb
1–2 TL Salz
geriebene Muskatnuss
1 TL Kümmelsamen

Für den Teig die kalte Butter in kleine Stücke schneiden und mit dem Mehl, dem Ei und dem Salz zügig zu einem glatten Teig kneten. Eine Kugel formen, diese platt drücken und in Frischhaltefolie für 30 Minuten im Kühlschrank lagern. Backofen auf 200 °C (Ober-/Unterhitze) vorheizen. Die Springform leicht fetten. Den Teig auf einer bemehlten Arbeitsfläche ausrollen, in die Form legen und einen flachen Rand hochziehen.

Für den Belag die Frühlingszwiebeln waschen und säubern, die Wurzeln abschneiden und in feine Röllchen schneiden. Die Crème fraîche mit dem Eigelb verrühren, mit Salz und Muskat würzen und auf dem Teig verteilen. Frühlingszwiebelringe und Kümmel darauf verteilen, den Kuchen etwa 30 Minuten backen und heiß servieren.

BREZELSOUFFLÉ
MIT RAHMPILZEN

Seit Jahrhunderten ist die Brezel das Zunftsymbol der württembergischen Bäcker. Gleichwohl ist ihr Entstehungsort und -zeitpunkt umstritten. Die wunderbare Legende, dass das dekorative Gebäck 1477 von einem Uracher Bäcker geschaffen wurde, der damit buchstäblich seinen Hals aus der Schlinge ziehen konnte, hält einer genaueren Überprüfung nicht stand. Denn die vermutlich älteste bildliche Brezeldarstellung stammt aus der zweiten Hälfte des 11. Jahrhunderts. Und auch das »Ulmer Hostienmühlen-Retabel«, das um 1470 entstand und etliche Brezeln auf dem Abendmahlstisch präsentiert, widerspricht der schwäbischen Entstehungslegende.

FÜR 4 PERSONEN

FÜR DAS SOUFFLÉ

2 Brezeln vom Vortag
115 ml lauwarme Milch
2 Eiweiß
Butter und Semmelbrösel für die Förmchen
50 g fein gewürfelter magerer Bauchspeck
1 EL Butter
½ Bund frische klein gehackte Petersilie
1 klein gehackte Zwiebel
1–2 klein gehackte Knoblauchzehen
geriebene Muskatnuss
frisch gemahlener schwarzer Pfeffer, Salz
2 Eigelb

FÜR DIE RAHMPILZE

175 g Kräuterseitlinge
175 g Champignons
(bevorzugt aus Hayingen-Ehestetten)
1 EL Butter
300 g Sahne
frisch gemahlener schwarzer Pfeffer, Salz

Für das Soufflé die Brezeln in sehr feine Würfel schneiden. In einer Schüssel mit der lauwarmen Milch beträufeln und zugedeckt einweichen lassen, dabei ab und an durcheinanderrühren.

Das Eiweiß langsam steif schlagen und kühl stellen. Backförmchen buttern und mit Semmelbröseln ausschwenken. Backofen auf 210 °C (Ober-/Unterhitze) vorheizen.

Den Speck mit der Butter in einer Pfanne anbraten. Fein gehackte Petersilie, Zwiebel und Knoblauch zugeben, kurz anbraten und mit Muskat, Pfeffer und Salz abschmecken. In einer Schüssel abkühlen lassen. Brezelmasse und Eigelb zugeben und vermengen. Zum Schluss das steif geschla-

gene Eiweiß unterheben. Förmchen zu zwei Dritteln füllen und etwa 15 Minuten backen, bis sie gut fingerbreit über den Rand gestiegen sind.

Für die Rahmpilze die Pilze säubern und in mundgerechte Stücke teilen. 2 Pilzstücke sehr fein würfeln und mit der Butter und einer guten Prise Salz in einer Pfanne gut anbraten. Mit der Sahne ablöschen und etwas reduzieren lassen. Restliche Pilze zugeben und abgedeckt bei reduzierter Temperatur garen lassen. Am Schluss mit Pfeffer und Salz abschmecken und mit dem aus den Förmchen gelösten Brezelsoufflé servieren.

HÄRTSFELDER KARTOFFELKUCHEN

Grombiera, Eidäpfel, Erdäpfel ... die schwäbische Sprache kennt viele Bezeichnungen für die nahrhafte Knolle. Gleichwohl entstand zwischen den Schwaben und den Kartoffeln niemals eine echte Liebesbeziehung. Sieht man vom legendären Kartoffelsalat ab, konnten Erdäpfel fast ausschließlich über den Umweg von Mehlspeisen wie Bubaspitzle oder Gaisburger Marsch Einzug in die heimische Küche halten.

FÜR EINE SPRINGFORM MIT 26 CM DURCHMESSER

FÜR DEN TEIG

120 g Quark (20 % Fett i. Tr.)
6 EL Sonnenblumenöl
6 EL Milch
230 g Weizenmehl (Type 405)
1 TL Backpulver
½ TL Salz
Butter für die Springform

FÜR DIE FÜLLUNG

700 g gekochte Kartoffeln (festkochende Sorte) vom Vortag
1 fein gehackte Zwiebel
1 fein gehackte Knoblauchzehe
3 EL Sonnenblumenöl
200 g Schmand
3 Eier
Salz, frisch gemahlener schwarzer Pfeffer
geriebene Muskatnuss

Für den Teig alle Zutaten mit den Knethaken des Handrührgeräts in einer Schüssel zu einem glatten Teig kneten. Zum Schluss noch einmal mit den Händen durchkneten, in Frischhaltefolie wickeln und etwa 30 Minuten im Kühlschrank ruhen lassen. Auf einer bemehlten Arbeitsfläche ausrollen, in die gefettete Springform legen und einen hohen Rand formen.

Für die Füllung die Kartoffeln schälen und grob reiben. Zwiebel und Knoblauch mit dem Öl in einer Pfanne glasig anschwitzen und abkühlen lassen. Zusammen mit dem Schmand, den Eiern und den Kartoffeln in einer Schüssel vermischen, würzen und auf dem Teig gleichmäßig verteilen.

Bei 180 °C (Ober-/Unterhitze) im vorgeheizten Backofen etwa 45 Minuten backen.

Dazu passen geschmälzte Zwiebelringe oder auch etwas angebratener Speck.

Partygebäck & kleine Häppchen

PARTY-HEFEZÖPFLE
MIT BÄRLAUCHPESTO

Der Name ist Programm. Hefezöpfe werden genau wie Haupthaar geflochten. Aus drei, zuweilen auch vier oder fünf Teigsträngen entsteht ein Gebäck, dessen charakteristisches Erscheinungsbild an einen dicken, dunklen Haarzopf erinnert. Im Schwäbischen wird das Backwerk gemeinhin mit Rosinen gefüllt und mit Mandelplätzchen bestreut. Hagelzucker sorgt für eine leichte, unaufdringliche Süße. Aber ebenso lecker sind auch herzhafte Variationen.

FÜR ZWEI HEFEZÖPFLE

FÜR DEN TEIG

21 g frische Hefe (= halber Würfel)
125 ml lauwarme Milch
250 g Weizenmehl (Type 405)
½ TL Salz
50 g Butter
2 Eigelb zum Bestreichen

FÜR DAS BÄRLAUCHPESTO

200 g Sonnenblumenkerne
300 g Bärlauch
1–2 Knoblauchzehen
1 ½–2 TL grobes Meersalz
400 ml Sonnenblumenöl
250 g geriebener Käse
frisch gemahlener schwarzer Pfeffer

FÜR DIE FÜLLUNG

150 g geriebener Käse (bevorzugt Albkäse)
150 g fein geschnittene getrocknete Tomaten in Öl

Für den Teig die Hefe mit lauwarmer Milch glatt rühren. Mit den übrigen Zutaten zu einem glatten Teig verarbeiten und diesen an einem warmen Ort abgedeckt ruhen lassen, bis er zur doppelten Höhe aufgegangen ist (etwa 30 Minuten).

Für das Pesto die Sonnenblumenkerne ohne Fett in einer Pfanne unter ständigem Rühren bei mittlerer Hitze etwa 5 Minuten vorsichtig anrösten. Den Bärlauch waschen, abtrocknen und fein hacken. Den Knoblauch abziehen und fein hacken. Bärlauch, Sonnenblumenkerne, Meersalz und Knoblauch in einem Mixer grob pürieren, dabei das Olivenöl nach und nach zugeben, bis die gewünschte Konsistenz entstanden ist. Den geriebenen Käse unterrühren und mit Pfeffer abschmecken.

Den Backofen auf etwa 200 °C (Ober-/Unterhitze) vorheizen und ein Backblech mit Backpapier auslegen.

Den Teig in 6 Stücke teilen, die zu 2 Zöpfchen verarbeitet werden. Die einzelnen Stücke länglich ausrollen und mit dem Pesto bestreichen, dabei an den Längsseiten etwas Teig frei lassen. Den geriebenen Käse und die klein geschnittenen getrockneten Tomaten gleichmäßig auf dem Pesto verteilen. Alle 6 Streifen längs zusammenrollen. Jeweils 3 aufgerollte Streifen am oberen Ende verbinden und miteinander verflechten (von außen nach innen über den jeweils mittleren Strang) und auf das Backblech setzen. Die restlichen 3 Streifen analog verarbeiten. Eigelb verquirlen, damit die Zöpfle bestreichen und rund 20 Minuten backen.

TIPP: Gekühlt, in einem geschlossenen Gefäß mit Sonnenblumenöl bedeckt, hält sich das Pesto eine Woche. Passt auch perfekt zu geröstetem Brot.

PIKANTES KÄSEGEBÄCK
VOM ALBKÄSE

In Württemberg blickt die Käseherstellung auf keine sehr große Tradition zurück. So bemerkt die Beschreibung des Oberamts Reutlingen 1893 lapidar: »Käse wird heute im Bezirk nicht mehr produziert.« Eine Ausnahme bildete lediglich das schwäbische Allgäu in der südöstlichen Ecke des Königreichs, wo die Menschen bis weit ins 19. Jahrhundert hinein ihren Lebensunterhalt durch den Anbau und die Verarbeitung von Flachs bestritten hatten. Nachdem dieser Erwerbszweig durch die Einfuhr preisgünstiger Baumwolle unrentabel geworden war, sattelten die Allgäuer ebenso notgedrungen wie erfolgreich auf Milchwirtschaft und Käseherstellung um. Mittlerweile sind auch in zahlreichen anderen Landesteilen käseverarbeitende Kleinbetriebe entstanden. Insbesondere auf der Schwäbischen Alb finden sich zahlreiche Hofkäsereien. Dabei handelt es sich zumeist um Familienbetriebe, die überwiegend in handwerklicher Tradition manuell produzieren. Sie alle verbindet ein hoher Anspruch an die Qualität ihrer Produkte und an das Tierwohl. Bei der Käseherstellung kommt lediglich Milch, die von den eigenen Herden stammt, zum Einsatz, dazu natürliche regionale Zutaten ohne Farbstoffe oder sonstige chemische Zusätze. Ein großes Augenmerk liegt auf der artgerechten Haltung. Wichtig ist viel Auslauf und die Ernährung mit kräuterreichem Gras. Darüber hinaus beglücken einige Erzeuger ihre Tiere mit musikalischen Darbietungen mit dem Alphorn oder auf dem Dudelsack.

FÜR 25 BIS 30 GEBÄCKSTÜCKE

ZUTATEN

250 g Blätterteig
100 g geriebener Käse (bevorzugt Albkäse)
1 verquirltes Ei
Salz
Paprikapulver
Kümmelsamen
Kürbiskerne
Sesam
Mohn
Leinsamen

Den Blätterteig ausrollen und in beliebige Formen schneiden. Mit Käse bestreuen, einrollen oder zusammenlegen und mit dem verquirlten Ei bestreichen. Je nach Geschmack mit Salz, Gewürzen, Kernen und Samen bestreuen. Im vorgeheizten Backofen etwa 15 Minuten bei 180 °C (Ober-/Unterhitze) backen.

KLEINE HERZHAFTE SCHNECKENNUDELN

Genau genommen müssten Schneckennudeln eigentlich Schneckenhäuser heißen. Denn das Gebäck gleicht exakt den kleinen Behausungen, die die Kriechtiere auf ihrem Rücken tragen. Das schneckenförmige Erscheinungsbild entsteht dadurch, dass der Teig wie ein Rollbraten aufgewickelt und anschließend portionsweise in Scheiben geschnitten wird. Während die Form einheitlich ist, sind die Zubereitungsmöglichkeiten umso variantenreicher. Herzhafte Schnecken werden zumeist mit Plunder- oder zuckerlosem Hefeteig, zuweilen auch aus Vollkornmehl, zubereitet und mit Lachs, Schinken, Käse und Gemüse befüllt.

FÜR ETWA 36 SCHNECKENNUDELN

FÜR DEN TEIG

21 g frische Hefe (= halber Würfel)
125 ml lauwarme Milch
250 g Weizenmehl (Type 405)
½ TL Salz
50 g weiche Butter

FÜR DIE FÜLLUNG

2 Zwiebeln
Butter zum Anbraten
½ Bund Petersilie
200 g Frischkäse
200 g geriebener Käse (bevorzugt Albkäse)
200 g gekochter Schinken

Für den Teig die Hefe mit lauwarmer Milch glatt rühren. Mit den übrigen Zutaten zu einem glatten Teig verarbeiten und diesen an einem warmen Ort abgedeckt ruhen lassen, bis er zur doppelten Höhe aufgegangen ist (etwa 30 Minuten).

Für die Füllung die Zwiebeln schälen, fein würfeln und mit Butter in einer Pfanne glasig anschwitzen. Petersilie waschen, grobe Stiele entfernen und klein hacken. Mit den Zwiebeln kurz braten und die Masse dann abkühlen lassen. Ofen auf 200 °C (Ober-/Unterhitze) vorheizen.

Den Teig auf die Größe des Backblechs ausrollen und längs halbieren. Die Teighälften mit Frischkäse bestreichen, dabei am oberen Rand jeweils 1 cm freilassen. Mit Zwiebeln, Petersilie und Albkäse bestreuen sowie mit Schinken belegen. Von der Längsseite her eng aufrollen und gut mit der freigelassenen Teigstelle verbinden. Mit einem scharfen Messer 2 cm breite Röllchen abschneiden und mit Abstand auf zwei mit Backpapier ausgelegte Bleche legen. Nacheinander rund 20 Minuten backen.

ROSEMA
MAJORAN

MÜRBTEIGKÖRBCHEN

MIT SALATFÜLLUNG

Zahlreiche in- und ausländische Besucher verbinden den Schwarzwald vor allem mit Kuckucksuhren, Bollenhüten und Schwarzwälder Schinken. Der heutige Herstellungsprozess der kulinarischen Spezialität folgt weitgehend dem traditionellen Verfahren. Über Jahrhunderte war es im Schwarzwald üblich, Schinken und Würste über dem Herd aufzuhängen. Durch den aufsteigenden Rauch wurden sie konserviert.

FÜR 6 BIS 8 KÖRBCHEN

FÜR DIE MÜRBTEIGKÖRBCHEN

150 g kalte Butter
250 g Weizenmehl (Type 405)
2 TL Backpulver
1 Prise Salz
2 Eier
Fett für die Backförmchen
getrocknete Kichererbsen

FÜR DIE FÜLLUNG

100 g Rucola
100 g Eisbergsalat
12 Kirschtomaten
150 g (geräucherter) Schwarzwälder Schinken
30 g Sonnenblumenkerne
5 EL Balsamico
5 EL Sonnenblumenöl
frisch gemahlener schwarzer Pfeffer, Salz

Für die Körbchen die kalte Butter in kleine Stücke schneiden und mit dem Mehl, dem Backpulver, dem Salz und den Eiern zügig zu einem glatten Teig kneten. Eine Kugel formen, diese platt drücken und in Frischhaltefolie 30 Minuten im Kühlschrank lagern. Den Backofen auf 200 °C (Ober-/Unterhitze) vorheizen. Den Teig auf einer bemehlten Fläche ausrollen und 6 oder mehr Kreise ausstechen, die im Durchmesser den runden Backförmchen entsprechen. Den Teig in die gefetteten Backförmchen setzen und mit den Kichererbsen füllen. Im Backofen etwa 20 Minuten backen, abkühlen lassen, die Kichererbsen entfernen und die Körbchen vorsichtig aus den Förmchen lösen.

Für den Salat den Rucola, den Eisbergsalat und die Tomaten waschen, trocknen und klein schneiden. Schinken in dünne Streifen schneiden und alles zusammen mit den Sonnenblumenkernen auf die Körbchen verteilen. Balsamico, Öl, Pfeffer und Salz vermengen und über die Füllung geben.

ROHRNUDELN
AUF MEDITERRANE ART

Württemberg war und ist eine klassische Getreideregion, in der Mehlspeisen bei der Ernährung stets eine tragende Rolle spielten. Vor allem sättigend mussten sie sein. Schließlich waren sonstige Nahrungsquellen, insbesondere Fisch und Fleisch, für die breite Masse der Landeskinder weitgehend unerschwinglich.

FÜR ETWA 16 NUDELN (BLECH ODER AUFLAUFFORM VON CIRCA 21 X 25 CM)

FÜR DEN TEIG

20 g Hefe
250 ml lauwarme Milch
500 g Weizenmehl (Type 405)
1 TL Salz
100 g weiche Butter

FÜR DIE FÜLLUNG

1 Zwiebel
1–2 Knoblauchzehen
2 EL Sonnenblumenöl
800 g stückige Tomaten (aus der Dose)
250 g eingelegte, entsteinte Oliven

ZUM BESTREICHEN UND DEKORIEREN

1 verquirltes Ei
50 g Pinienkerne

Für den Teig die Hefe mit der lauwarmen Milch glatt rühren. Mit den übrigen Zutaten zu einem glatten Teig verarbeiten und diesen an einem warmen Ort abgedeckt ruhen lassen, bis er zur doppelten Höhe aufgegangen ist (rund 30 Minuten). Danach auswellen und Kreise (13 cm Ø) ausstechen.

Für die Füllung Zwiebel und Knoblauch schälen, in feine Würfel schneiden und mit Öl in einer Pfanne anbraten. Tomaten zugeben und gut einkochen lassen. Dann abkühlen lassen. Die Oliven in ganz feine Ringe schneiden.

Die ausgestochenen Teigkreise gleichmäßig mit der erkalteten Tomatensaue und den Olivenringen belegen, dabei den Rand freilassen. Teig zusammenklappen, etwas zu jeder Seite ausziehen und so ein rechteckiges Teigstück formen. Seitenränder umklappen und die Ränder unten gut zusammendrücken. Die fertigen Rohrnudeln auf ein gut gefettetes Blech setzen. Mit dem verquirlten Ei bestreichen, mit den Pinienkernen dekorieren und bei 220 °C (Ober-/Unterhitze) 25 Minuten backen.

MINI-WINDBEUTEL

»ALB-ORIENT-EXPRESS«

Bis ins 20. Jahrhundert hinein waren domestizierte Hausziegen im ländlichen Raum Württembergs weit verbreitet. Sie galten als »Kuh des kleinen Mannes«, da sie armen Familien, die sich keine Kuh leisten konnten, als Milchlieferanten dienten. Die Ziegenmilch wurde fast ausschließlich zur Versorgung der eigenen Familie gewonnen und größtenteils roh getrunken. Heute ist vor allem familiären Hofkäsereien die Rückkehr der robusten Paarhufer zu verdanken, die auf hohem Niveau und nach Bioland-Richtlinien so besondere Kreationen wie den »Alb-Orient-Express« produzieren.

FÜR ETWA 26 MINI-WINDBEUTEL

FÜR DIE WINDBEUTEL

250 ml Milch
40 g Butter
1 Prise Salz
125 g Weizenmehl (Type 405)
4 Eier

FÜR DIE FÜLLUNG

400 g Ziegenfrischkäse (bevorzugt Ensmader »Alb-Orient-Express«)

Für die Windbeutel Milch, Butter und Salz in einem Topf aufkochen. Das gesamte Mehl zugeben und so lange rühren, bis sich ein Kloß bildet und eine weiße Schicht den Boden überzieht. In eine Schüssel umfüllen, etwas abkühlen lassen. In die noch warme Masse 1 Ei unterrühren, bis es völlig mit der Masse verbunden ist. In gleicher Weise nacheinander die restlichen Eier zufügen. Der Teig soll glatt und glänzend sein und weich vom Löffel fallen.

Den Teig in einen Spritzbeutel mit großer Lochtülle füllen und in Abständen von 5 cm kleine Tupfen mit einem Durchmesser von etwa 3 cm auf ein mit Backpapier ausgelegtes Backblech spritzen. Im auf 180 °C (Ober-/Unterhitze) vorgeheizten Ofen 25 bis 30 Minuten backen. Aus dem Ofen nehmen und abkühlen lassen. Dann aufschneiden und mit Ensmader »Alb-Orient-Express« oder anderem Ziegenfrischkäse füllen.

TIPP: Wer keinen Ziegenkäse mag oder keinen Ensmader Ziegenfrischkäse »Alb-Orient-Express« bekommt, kann auch Meerrettich- oder Kräuterfrischkäse aus Kuhmilch verwenden.

MINI-DINNETE
IN DREI VARIANTEN

In den dörflichen Backhäusern nutzte man gerne die Restwärme, um Kleingebäck herzustellen. Besonders beliebt war die Dinnete, die aus einem flachen, dünnen Teigfladen bestand und damit belegt wurde, was gerade zur Verfügung stand, vorzugsweise mit Speck, Zwiebeln und Schmand. Süße Dinnete waren eher selten. Wobei die Dinnete mit »Hutzeln« gelegentlich den Sonntagskuchen ersetzen musste.

FÜR ETWA 15 BIS 18 DINNETE

FÜR DEN TEIG
21 g frische Hefe (= halber Würfel)
250 ml lauwarme Milch
500 g Weizenmehl (Type 405)
½ TL Salz
100 g weiche Butter

FÜR DEN GRUNDBELAG
3 Eier
300 g Schmand oder Crème fraîche
frisch gemahlener schwarzer Pfeffer, Salz

FÜR VARIANTE 1
1 mittlere Zucchini
50 g fein gewürfelter Speck
100 g geriebener Käse
50 g Pinienkerne

FÜR VARIANTE 2
300 g Kürbis (Hokkaido)
1 EL Sonnenblumenöl
50 g Walnüsse
1 EL Honig
30 g Ziegenfrischkäse in kleinen Flocken
1 EL gehackter frischer Thymian

FÜR VARIANTE 3
150 g Kirschtomaten
1 mittlere Zwiebel
1 Knoblauchzehe
100 g geriebener Käse
75 g Rucola

Für den Teig die Hefe mit lauwarmer Milch glatt rühren. Mit den übrigen Zutaten zu einem glatten Teig verarbeiten und diesen an einem warmen Ort abgedeckt ruhen lassen, bis er zur doppelten Höhe aufgegangen ist (rund 30 Minuten). Danach auswellen und (z. B. mit einem Glas) Kreise von etwa 8 cm Durchmesser ausstechen.

Für den Grundbelag alle Zutaten gut miteinander vermengen und würzen. Alle Kreise mit der Ei-Schmand-Masse bestreichen und dann unterschiedlich belegen.

VARIANTE 1: Zucchini waschen, abtrocknen und in feine Scheiben schneiden. Damit die Teigkreise belegen und Speck, Käse und Pinienkerne gleichmäßig darauf verteilen.

VARIANTE 2: Den Kürbis waschen, abtrocknen und in dünne Scheiben schneiden. Mit dem Öl in einer Pfanne anbraten. Walnüsse kleinhacken und in die Pfanne geben. Alles mit dem Honig karamellisieren. Die Teigkreise damit gleichmäßig belegen und die Ziegenfrischkäseflocken darauf verteilen. Den gehackten Thymian erst nach dem Backen auf die Dinnete streuen.

VARIANTE 3: Tomaten waschen, abtrocknen und in Scheiben schneiden. Zwiebel schälen und in Ringe schneiden. Knoblauch schälen und in feine Würfel schneiden. Diese Zutaten und den geriebenen Käse gleichmäßig auf die Teigkreise verteilen. Den gewaschenen und abgetrockneten Rucola erst nach dem Backen auf den Dinnete verteilen.

Die fertig belegten Kreise bei 220 °C (Ober-/Unterhitze) 10 bis 15 Minuten backen.

DEFTIGE KRÄPFLE
MIT SAUERAMPFER

Wildkräuter wurden lange nur als schnödes Unkraut betrachtet. Seit einiger Zeit sind sie jedoch wieder mächtig *en vogue*. Tatsächlich sind sie eine enorme kulinarische Bereicherung und zudem auch noch ungemein gesund. Zu den Stars der wiederentdeckten Wilden gehört der Sauerampfer. In der schwäbischen Küche zählt er einerseits zu den Traditionalisten. Andererseits findet er in der modernen heimischen Küche zusehends Verwendung. Denn seine unverwechselbare Säure verleiht Salaten, Suppen, Saucen und Dips eine besondere zitronige Note.

FÜR ETWA 16 KRÄPFLE

FÜR DIE FÜLLUNG BZW. DEN DIP

300 g Sauerampfer ohne Stiele
1 mittlere Zwiebel
1 Knoblauchzehe
2 EL Sonnenblumenöl
200 g Frischkäse
80 g Ziegenfrischkäse
frisch gemahlener schwarzer Pfeffer, Salz

FÜR DEN TEIG

250 g Weizenmehl (Type 405)
10 g Hefe
3 EL lauwarme Milch
125 g kalte Butter in kleinen Stücken
1 Ei
1 Prise Salz

ZUM BESTREICHEN UND DEKORIEREN

1 verquirltes Ei
50 g gehackte Mandeln

Für die Füllung den Sauerampfer waschen, abtrocknen und in Streifen schneiden. Zwiebel und Knoblauch schälen, in feine Würfel schneiden und mit dem Öl in einer Pfanne anbraten. Sauerampfer hinzugeben und etwas dünsten. Abkühlen lassen und mit dem Frisch- und Ziegenfrischkäse vermengen. Mit Pfeffer und Salz abschmecken. Mit einem Teil der Masse werden die Kräpfle gefüllt, der Rest wird als Dip dazu gereicht.

Für die Kräpfle auf einer Arbeitsfläche das Mehl aufhäufen und in der Mitte eine Mulde bilden. Hefe mit lauwarmer Milch glatt rühren und in die Mulde gießen. Die Butterstücke um das Mehl verteilen, Ei und Salz in die Mitte geben und mit einem Spätzle- oder Teigschaber die Zutaten zügig zu einem Teig hacken, der zuletzt mit den Händen zu einer Kugel geformt wird. Danach

auswellen und (z. B. mit einem Glas) Kreise von rund 8 cm Durchmesser ausstechen. Diese mit der Masse füllen, dabei jedoch den Rand umlaufend frei lassen. Zusammenklappen und mit den Zinken einer Gabel Teigränder zusammendrücken. Fertige Kräpfle auf ein mit Backpapier ausgelegtes Blech setzen, mit verquirltem Ei bestreichen und mit den gehackten Mandeln bestreuen. Bei 220 °C (Ober-/Unterhitze) etwa 10 bis 15 Minuten backen.

DAMPFNUDEL-BURGER

VEGETARISCH

Während sich bayrische Germknödel auch bei schwäbischen Wintersportlern großer Beliebtheit erfreuen, ist die heimische Variante des luftigen Hefegebäcks weitgehend aus den hiesigen Küchen und Restaurants verschwunden. Das könnte natürlich daran liegen, dass der fehlende alpine Hüttenzauberglanz den häuslichen Dampfnudelgenuss schmälert. Ausschlaggebend könnte allerdings auch die Tatsache sein, dass die Zubereitung der fluffigen Mehlspeise etwas mehr Zeit, Geduld und Fingerspitzengefühl verlangt als das Aufwärmen einer Tütensuppe.

FÜR 12 BIS 16 MINI-BURGER

FÜR DEN TEIG

21 g frische Hefe (= halber Würfel)
250 ml lauwarme Milch
500 g Weizenmehl (Type 405)
½ TL Salz
100 g weiche Butter

ZUM DEKORIEREN

1 verquirltes Ei, Hanfsamen, Chiasamen, Leinsamen oder Mohn und Sesam

FÜR DEN BELAG

1 Zucchini
1 Aubergine
1 rote Paprika
1 gelbe Paprika
1 große Zwiebel
Sonnenblumenöl zum Anbraten
grobes Salz
200 g Mozzarella (bevorzugt Albzarella vom Alb-Büffel)

FÜR DIE CREME

frisches Basilikum
frischer Oregano
frischer Thymian
frische Petersilie
200 g Frischkäse
frisch gemahlener schwarzer Pfeffer, Salz

Für die Dampfnudeln die Hefe mit lauwarmer Milch glatt rühren. Mit den übrigen Zutaten zu einem glatten Teig verarbeiten. Diesen zu einem Strang auswirken und in 12 bis 16 Stücke teilen. Die Stücke mit der Hand zu kleinen Kugeln formen und sie auf einem mit Backpapier ausgelegtem Backblech etwas gehen lassen. Mit Ei bestreichen, mit der Dekoration bestreuen und bei 210 °C (Ober-/Unterhitze) 15 bis 20 Minuten backen.

Für den Belag das Gemüse waschen und abtrocknen. Kerne und Stiele entfernen und in Kreise bzw. kleine Stücke schneiden. Zwiebel schälen und in Ringe schneiden. Alles nach und nach mit Olivenöl und Salz scharf anbraten. Auf Küchenpapier legen, abtupfen und zur Seite stellen. Den Albzarella in Scheiben schneiden und kühl stellen.

Für die Creme die Kräuter waschen, abtrocknen und fein hacken. Mit dem Frischkäse vermengen, würzen und kaltstellen.

Die abgekühlten Dampfnudeln halbieren und den Boden mit den einzelnen Zutaten belegen. Zuletzt etwas Creme, dann den Deckel aufsetzen und den Burger gegebenenfalls mit einem Spieß befestigen.

FELLBACHER FLECKA
MIT SPECK

Fellbacher Flecka sind ein Hefegebäck, das diesen Namen nur in Fellbach, der »Stadt der Weine und Kongresse«, trägt. In anderen Ortschaften werden die flachen belegten Teigfladen als Blootz, Wähe oder Deie bezeichnet. Trotz unterschiedlicher Namen und zuweilen leicht divergierender Belagszutaten ist das Fundament in allen drei Fällen identisch: Mehl, Milch und Hefe. Dabei ist Backhefe allerdings ein vergleichsweise junges Produkt. Denn in unseren Breitengraden wurden Brote lange ohne Hefegärung hergestellt. Erst im 15. oder 16. Jahrhundert gelangte Hefe über den Umweg der Bierbrauereien in die Backstuben. Dank des Backtreibmittels konnten die Bäcker nun »feinere« Brote backen.

FÜR 6 BIS 8 FLECKA

FÜR DEN TEIG

21 g frische Hefe (= halber Würfel)
250 ml lauwarme Milch
500 g Weizenmehl (Type 405)
½ TL Salz
100 g weiche Butter

FÜR DEN BELAG

250 g Lauch
2 EL Öl
2 Eier
100 g Speckwürfel
300 g Crème fraîche
Salz, frisch gemahlener schwarzer Pfeffer
nach Belieben etwas gemahlener Kümmelsamen

Für den Teig die Hefe mit lauwarmer Milch glatt rühren. Mit den übrigen Zutaten zu einem glatten Teig verarbeiten und diesen an einem warmen Ort abgedeckt ruhen lassen, bis er zur doppelten Höhe aufgegangen ist (rund 30 Minuten). Dann in 6 Stücke teilen, diese nochmals gehen lassen.

Für den Belag den Lauch waschen, abtrocknen und in Ringe schneiden. In einer Pfanne mit etwas Öl anbraten. Abkühlen lassen. Eier, Speck und Crème fraîche vermengen und würzen. Kalten Lauch hinzugeben und gut vermengen.

Die Teigstücke rund auswellen, den Belag gleichmäßig darauf verteilen und bei 230 °C (Ober-/Unterhitze) etwa 15 bis 20 Minuten knusprig backen.

APRIKOSEN-OFENSCHLUPFER

MIT BAISERHAUBE

Ofenschlupfer ist ein klassisches schwäbisches Resteverwertungsessen. Altbackenes Brot, altbackene Weckle und zuweilen nicht mehr ganz taufrischer Hefekranz finden ein zweites Leben als Brotauflauf. Aufgehübscht wird das Ganze mit Äpfeln oder Aprikosen, Rosinen und Mandeln sowie einer cremigen Sahne-Eier-Mischung. Heutigen Ernährungsgewohnheiten angepasst, reicht man ihn eher mit Speck, Käse, Pilzen oder Gemüse. Hält man jedoch der althergebrachten süßen Variante die Treue, genießt man den Ofenschlupfer häufig in kleineren Portionen als Nachtisch, Kuchenersatz oder Zwischendurcherle.

FÜR 6 GLÄSER À 290 ML FÜLLMENGE

FÜR DAS BAISER

1 Eiweiß
30 g Zucker

FÜR DIE FÜLLUNG

Butter und Semmelbrösel für die Gläser
8 Aprikosen
1 Päckchen Vanillezucker
3 Brötchen vom Vortag
2 Eier
1 Eigelb
250 g Sahne
100 g Zucker
2 EL Rosinen
2 EL Mandelblättchen

Für das Baiser Eiweiß und Zucker mit dem Handrührgerät steif schlagen und kühl stellen. Anschließend die Gläser buttern und mit Semmelbröseln ausschwenken.

Für die Füllung die Aprikosen waschen, abtrocknen, entsteinen und in 6 bis 8 Stücke schneiden. In einer Schüssel mit dem Vanillezucker bestreuen und zur Seite stellen. Brötchen in nicht zu große Würfel schneiden. Eier, Eigelb, Sahne und Zucker gut miteinander vermischen. Die Gläser mit den gezuckerten Aprikosen, Brotwürfeln, Rosinen und Mandelblättchen füllen. Ei-Sahne-Masse darübergießen und Gläser zu etwa zwei Drittel füllen.

Die Baiserhauben mit einem Löffel aufsetzen und die Gläser in den kalten Ofen stellen. Temperatur auf 175 °C (Ober-/Unterhitze) einstellen. Sobald die Baiserhauben Farbe annehmen, auf Unterhitze stellen und dann noch rund 40 Minuten backen, bis die Ei-Sahne-Masse stockt.

WALNUSSKUCHEN

MIT RÜBEN

Der graue Spätherbst und der trüb-dunkle Winter erfahren durch zwei Wurzelgemüse eine willkommene Aufhellung. Rote und Gelbe Rüben setzen dem Winterblues ein Feuerwerk der Farben entgegen. Die genügsamen Schätze der Erde, die sogar auf der rauen Schwäbischen Alb gedeihen, sind sowohl einzeln als auch in Gemeinschaft ein echter Hingucker. Dabei punkten sie sowohl in optischer als auch in geschmacklicher Hinsicht: Farblich paart sich das tiefrote Fruchtfleisch der Roten Bete mit dem satten Orange der Karotten zu einem wunderbaren Augenschmeichler und aromatisch ergänzen sich die fruchtig-erdige Note der Roten und die leicht süßliche der Gelben Rübe. Im Zusammenspiel mit Walnüssen läuft das Dream-Team zu ungeahnter Größe und schier unendlichen Variationsmöglichkeiten auf. Vom herzhaften Dinette-Belag mit Speck und Ziegenkäse bis zum süßen Kuchen mit Birnen, Äpfeln, Trauben oder Himbeeren sind der Kreativität keine Grenzen gesetzt. Im Glas gebacken, erweist sich die Ménage à trois als Farbenmeer und wohlschmeckender Seelentröster. Gleichzeitig bietet sie den Vorteil langer Haltbarkeit und kann in den kleinen Gläschen besonders schön serviert werden.

FÜR 6 GLÄSER À 290 ML FÜLLMENGE

ZUTATEN

Butter und Semmelbrösel für die Gläser
100 g gehackte Walnüsse
100 g + 30 g (für Deko) gehackte Haselnüsse
75 g rohe Rote Bete
75 g rohe Karotten
200 ml Sonnenblumenöl
250 g Zucker
3 Eier
200 g Weizenmehl (Type 405)
1 TL Backpulver
je ½ TL Zimt, Nelkenpulver, Kardamompulver

Die Gläser buttern und mit Semmelbröseln ausschwenken.

Die gehackten Nüsse in einer Pfanne anrösten und zur Seite stellen. Rote Bete und Karotten waschen, schälen und fein reiben. Öl und Zucker in einer Schüssel vermischen. Eier zugeben und zu einer cremigen Masse verrühren. Mehl, Backpulver und die 3 Gewürze unterheben. Rote Bete, Karotten und die Nüsse unterheben. Die Masse in die Gläser füllen und mit den restlichen Nüssen bestreuen. Im vorgeheizten Backofen bei 180 °C (Ober-/Unterhitze) 30 Minuten backen.

Habhafte & süße Aufläufe

FILDERKRAUT
MIT SOJA-HACK

1883 wurde »Feins Sauerkraut« in Plieningen gegründet, die erste Sauerkrautfabrik der Welt. Seinerzeit erbrachte der Kaufmann Hermann Fein den Beweis, dass Sauerkraut lange haltbar und über weite Strecken transportfähig ist, indem er ein Fass der Filder-Delikatesse auf die Reise nach Australien und zurück schickte. Und tatsächlich war das Vitaminkraftbündel nach mehr als zwei Jahren noch genießbar. Bei der großen landwirtschaftlichen Ausstellung in Cannstatt erhielt er dafür 1896 den ersten Preis für Dauerware. Auch das württembergische Königshaus zeigte seine Wertschätzung und ernannte den innovativen Kaufmann, nach dem heute eine Straße in Plieningen benannt ist, zum Hoflieferanten. Über Jahrhunderte hinweg war der Krautanbau ein wichtiger Erwerbszweig für die Bauern der Filderebene.

FÜR 4 PERSONEN

ZUTATEN

100 g gewürztes Soja-Hack
½ Bund Petersilie
1 Zwiebel
1 Knoblauchzehe
Öl zum Anbraten
1 kleine rote Spitzpaprika
1 große Dose (ca. 770 g) Sauerkraut (bevorzugt Filderkraut)
250 g Schmand
250 g Sahne
frisch gemahlener schwarzer Pfeffer, Salz
1 Zwiebel zum Dekorieren
Butter zum Anbraten

Das Soja-Hack gemäß der Vorgabe des Herstellers einweichen. Petersilie waschen, abtrocknen und fein hacken. Zwiebel und Knoblauch schälen, in feine Würfel schneiden und mit Öl in einer Pfanne anbraten. Das Soja-Hack zugeben und mitbraten, zuletzt die Petersilie zugeben, dann abkühlen lassen. Die Paprika waschen, abtrocknen, in feine Ringe schneiden, Kerne entfernen und zur Soja-Masse geben. Sauerkraut und Soja-Masse abwechselnd in eine Auflaufform schichten. Schmand mit Sahne verquirlen, mit Pfeffer und Salz würzen und über die Füllung gießen. Bei 200 °C (Ober-/Unterhitze) im vorgeheizten Backofen etwa 20 Minuten backen. Zwiebel schälen und in Ringe schneiden. Mit Butter anbräunen und vor dem Servieren auf dem Auflauf drapieren.

OFENSCHLUPFER
MIT HEUMILCHKÄSE

Die Käseherstellung ist ein Kunsthandwerk, bei dem nicht alleine die Leidenschaft für Käse zählt. Auch die Basis muss stimmen. Denn letztendlich ist die Qualität der Milch für das Niveau des Endproduktes ausschlaggebend. Und für die Qualität der Milch ist wiederum die Ernährung der Kühe sowie ihr Wohlergehen entscheidend. Daher tummeln sich die Hohensteiner Heumilchkühe im Sommer auf der Weide, wo sie Sonne, frisches Gras und Kräuter genießen können. Ihr winterlicher Speiseplan besteht aus Heu. Auf die Fütterung mit Silage wird ganzjährig verzichtet. Die artgerechte Haltung und die traditionelle Fütterung erfordern einen hohen Arbeitsaufwand. Aber die Mühe lohnt sich. Man schmeckt den Unterschied.

FÜR 4 PERSONEN

ZUTATEN

600 g Lauch
1 Zwiebel
1 EL Butter
Salz, frisch gemahlener schwarzer Pfeffer
geriebene Muskatnuss
100 g geschälte Sonnenblumenkerne
150 g geräucherter Schwarzwaldschinken
400 g Sahne
100 g Schmand
4 Eier
Butter für die Auflaufform
4–5 Brötchen vom Vortag
200 g geriebener Heumilchkäse (bevorzugt Hohensteiner)

Den Lauch waschen, abtrocken und in Ringe schneiden. Die Zwiebel schälen, klein schneiden und mit Butter gut anbraten. Lauch zugeben und anbraten. Mit Salz, Pfeffer und Muskat würzen und zur Seite stellen. Sonnenblumenkerne in einer Pfanne etwas anrösten und unter den Lauch heben. Schinken in Streifen schneiden, mit Sahne, Schmand und den Eiern gut vermengen und mit Pfeffer, Salz und Muskat würzen. In eine gefettete Auflaufform abwechselnd die Brötchenscheiben und den Lauch hochkant nebeneinander schichten. Mit der Sahne-Schmand-Masse übergießen, den Käse darauf verteilen und im vorgeheizten Backofen bei 200 °C (Ober-/Unterhitze) 30 bis 40 Minuten backen, bis die Masse stockt.

TIPP: Vegetarier lassen den geräucherten Schwarzwaldschinken einfach weg.

ÜBERBACKENE MAULTASCHEN
MIT SPINAT

Die beliebteste Maultaschen-Entstehungslegende ist zu erbaulich, um auf sie zu verzichten, auch wenn sie schon oft erzählt wurde: Die Zisterziensermönche des Klosters Maulbronn, deren strenge Ordensregel fleisch- und fettlose Kost vorschrieb, bekamen während der Fastenzeit ein Stück Fleisch geschenkt. Das durfte man natürlich nicht verkommen lassen. Zumal Lebensmittelverschwendung auch nicht gerade im Sinne der *regula benedicti* gewesen wäre. Daher zerkleinerten die trickreichen Klosterbrüder das Fleisch, vermengten es mit Kräutern aus dem Klostergarten und packten es in Teigtaschen. Vor dem Blick des Heilands verborgen, starteten die Herrgottsbescheißerle ihre Karriere. Tatsächlich sind der Zeitpunkt und der Ort, an dem die Maultaschen entstanden, historisch nicht gesichert. Als Zeitpunkt der ersten urkundlichen Erwähnung gilt jedenfalls das Jahr 1831. Seinerzeit bezeichnete der württembergische Prälat Christoph von Schmid Maultaschen als »gefüllte Nudel aus Schwaben«. Zahlreiche Hinweise führen jedoch deutlich weiter in die Vergangenheit zurück. So findet sich bereits 1795 in einem Kochbuch von Friederike Luise Löffler ein Rezept für »Suppe von gefüllten Nudeln«.

FÜR 4 PERSONEN

ZUTATEN

500 g frischer Spinat
2 Zwiebeln
Sonnenblumenöl
Salz, frisch gemahlener schwarzer Pfeffer
geriebene Muskatnuss
Butter für die Auflaufform
8 Maultaschen
150 ml Brühe
150 g geriebener Käse (bevorzugt Albkäse)

Den Spinat waschen, abtrocknen und klein schneiden. Zwiebeln schälen, in feine Würfel schneiden und mit Öl anbraten. Spinat beifügen und gar braten. Mit Salz, Pfeffer und Muskat abschmecken.

In die gebutterte Auflaufform abwechselnd aufgeschnittene Maultaschen (hochkant) und Spinat schichten. Mit der warmen Brühe übergießen, mit dem Käse bestreuen und im vorgeheizten Backofen bei 200 °C (Ober-/Unterhitze) 30 Minuten backen, bis der Käse gut verlaufen ist.

DREIERLEI SPÄTZLE MIT
ALBKÄSE ÜBERBACKEN

Der Dichter Jean Paul zeigte sich 1819 angesichts der schwäbischen Backkunst nur wenig begeistert: »Ungefähr wie getrockneter Kleister oder Papiermaschee schmeckend«, beschwerte er sich über das Brot, das »bloß aus Dinkel gebacken« sei. Den Ruf der von ihm geschmähten Getreideart gilt es allerdings zu retten. Denn das »Schwabenkorn« verfügt über hervorragende Koch- und Backeigenschaften. Durch seinen hohen Anteil an Klebereiweiß ist es für die Spätzlezubereitung geradezu prädestiniert.

FÜR 4 PERSONEN

FÜR DIE SPÄTZLE

250 g Weizenmehl (Type 405) oder Dinkelmehl (Type 630)
2 Eier
Salz
etwas Wasser oder Milch
1 rote Paprika
300 g frischer Spinat
Butter für die Auflaufform
150 g geriebener Käse (bevorzugt Albkäse)

FÜR DAS TOPPING

1 große Zwiebel
Butter zum Anbraten

Für die Spätzle aus Mehl, Eiern, Salz und Wasser (bzw. Milch) einen festen, glatten Teig zubereiten, den man so lange schlägt, bis er Blasen wirft. Die Paprika waschen, abtrocknen, Stiel und Kerne entfernen und in ganz kleine Stücke schneiden. Den Spinat waschen, abtrocknen, grobe Stiele entfernen und sehr fein hacken. Den Teig in 3 Portionen teilen. Paprika und Spinat jeweils in 1 Portion einarbeiten. Auf das nasse Spätzlesbrett einen Teil der Teigportion streichen und mit dem Schaber oder einem breiten Messer schmale Streifen in kochendes Salzwasser schaben. Einmal schaumig aufkochen lassen, dann mit einem Schaumlöffel herausnehmen, in einem Sieb kurz mit kaltem Wasser abspülen und auf einer Platte zum Abtrocknen verteilen. Alle 3 Teigportionen analog verarbeiten. Auflaufform buttern, die 3 Spätzlevarianten darin verteilen und mit dem Albkäse bestreuen. Im vorgeheizten Backofen bei 220 °C (Ober-/Unterhitze) 20 bis 30 Minuten backen, bis der Käse gut verlaufen ist.

In der Zwischenzeit für das Topping die Zwiebel schälen, in Ringe schneiden und mit der Butter anbraten. Zuletzt auf dem fertigen Auflauf verteilen.

NUDELAUFLAUF
MIT RAUCHFLEISCH

Das *Landwirtschaftliche Correspondenzblatt* berichtete im Jahr 1844: »Das Hällische Land ist das Land der Schweine, denn niergends versteht man sich auf die Schweinemast und Schweinezucht so gut wie im Hällischen (...) und niergends trifft man die eigenthümliche vorzügliche Race von Schweinen an, welche der Hällische Bauer hat.« Gut 20 Jahre zuvor hatte die Erfolgsgeschichte der Hällischen Landschweine begonnen. König Wilhelm I. ließ um 1820 chinesische Maskenschweine nach Württemberg einführen. Diese wurden »zur Hebung der Schweinezucht« mit einheimischen Rassen gekreuzt. Die so entstandene neue Rasse war robust, genügsam, ausgesprochen fruchtbar und zeigte gute Muttereigenschaften. Darüber hinaus schätzte man im 19. Jahrhundert ihre enorme »Fettleistung« – eine Eigenschaft, die wesentlich zum Niedergang der Hällischen Landschweine beitragen sollte. Denn seit den 1960er-Jahren ging der Trend zu kalorienarmer Ernährung. Aus den Niederlanden wurden magere Schweine eingeführt. »Fettleistung« war nicht mehr gefragt. Bereits zu Beginn der 1980er-Jahre galt die »vorzügliche Race« als ausgestorben. Dennoch gelang ihr dank der Initiative einiger engagierter Hohenloher seit 1986 ein furioses Comeback.

FÜR 4 PERSONEN

ZUTATEN

250 g breite Nudeln
2 Eier
250 g Sahne
Salz, frisch gemahlener schwarzer Pfeffer
geriebene Muskatnuss
Butter für die Auflaufform
150 g fein geschnittenes Rauchfleisch (bevorzugt vom Hällischen Landschwein)
150 g geriebener Käse (bevorzugt Albkäse)

Die Nudeln in Salzwasser kochen. Dabei darauf achten, dass sie nicht zu weich werden. Dann abseihen und auf einer Platte bis zur weiteren Verarbeitung zur Seite stellen. Eier und Sahne verquirlen und mit Salz, Pfeffer und Muskat würzen. In eine gebutterte Auflaufform abwechselnd Nudeln und Rauchfleisch schichten, wobei die letzte Schicht aus Nudeln besteht. Mit der Flüssigkeit übergießen, Käse darauf verteilen und im vorgeheizten Backofen bei 220 °C (Ober-/Unterhitze) 30 bis 40 Minuten backen, bis die Flüssigkeit stockt.

TIPP: Vor dem Servieren mit Schnittlauchröllchen bestreuen.

PFANNKUCHENAUFLAUF MIT
WIRSING UND NÜSSEN

Wirsing gehört zur Familie der Kohlgemüse. Dabei zählt der gewellte Cousin von Rot- und Weißkohl zu den beliebtesten Kohlsorten in Deutschland. Aus der schwäbischen Küche ist er längst nicht mehr wegzudenken. Und doch ist er ein relativ junger Einwanderer, denn er gelangte erst im 18. Jahrhundert aus dem Mittelmeerraum nach Württemberg.

FÜR EINE SPRINGFORM MIT 26 CM DURCHMESSER

FÜR DIE PFANNKUCHEN

375 ml Milch
250 g Weizenmehl (Type 405)
2 Eier
1 TL Salz
Bratöl zum Ausbacken

FÜR DIE FÜLLUNG

1 Wirsing
150 g Walnüsse
1–2 EL Honig
750 g Schmand
Salz, frisch gemahlener schwarzer Pfeffer
geriebene Muskatnuss
Butter und Semmelbrösel für die Springform

Für die Pfannkuchen mit der Hälfte der Milch das Mehl, die Eier und das Salz zu einem dicken, glatten Teig rühren. Dann nach und nach die restliche Milch zugeben und verrühren. In einer Pfanne das Öl erhitzen und möglichst gleich große Pfannkuchen mit einem Durchmesser von rund 26 cm ausbacken.

Für die Füllung die Wirsingblätter waschen und grobe Stiele entfernen. In Salzwasser blanchieren und gut abtropfen lassen. Die Walnüsse in kleine Stücke brechen und in einer Pfanne mit dem Honig karamellisieren. Den Schmand cremig rühren und mit Salz, Pfeffer und Muskat würzen. Die Springform buttern und mit Semmelbröseln ausstreuen. Die Form mit Wirsingblättern auslegen, dabei einige Blätter rundum über den Rand hinauslegen. Im Wechsel Pfannkuchen, Schmand mit karamellisierten Walnüssen und Wirsingblätter schichten und mit Wirsingblättern enden. Die überhängenden Wirsingblätter einschlagen und die restlichen karamellisierten Walnüsse darauf verteilen. Dann im vorgeheizten Backofen bei 220 °C (Ober-/Unterhitze) etwa 45 Minuten backen.

BRUCKHÖLZER, SCHLANGANGER
ODER SPERRKNECHTE

Bis zum Beginn des 20. Jahrhunderts war die ständige Verfügbarkeit von Nahrungsmitteln – nicht nur im Königreich Württemberg – ein Privileg der Reichen. Evolutionär betrachtet ist die gigantische Lebensmittelverschwendung, die wir heute in weiten Teilen der westlichen Welt erleben, eine Anomalie. Für unsere wenig begüterten Vorfahren war es dagegen eine Notwendigkeit, die wenigen Nahrungsmittel, die ihnen zur Verfügung standen, effektiv zu nutzen. Zahlreiche schwäbische Küchenklassiker sind aus dieser Mangelsituation heraus entstanden. Dazu zählen auch die Bruckhölzer von der Ostalb, die auch unter den Bezeichnungen Schlanganger, Sperrknechte oder Kachelessen bekannt sind. Sie sind ein ganz typisches Resteverwertungsessen, das die übriggebliebenen Kartoffeln vom Vortag in neuem Gewand präsentiert.

FÜR 4 PERSONEN

ZUTATEN

1 kg mehligkochende Kartoffeln
3 Eier
1 TL Salz
geriebene Muskatnuss
frisch gemahlener schwarzer Pfeffer
500 g Weizenmehl (Type 405)
Butter für die Form
250 g Sahne

Die Kartoffeln kochen, schälen, noch warm zerdrücken (am besten mit einer Kartoffel- oder Spätzlepresse) und abkühlen lassen. Die Masse auf einer Arbeitsfläche anhäufen und in der Mitte eine Mulde bilden. Eier, Gewürze und Mehl zugeben und alles so lange kneten, bis der Teig nicht mehr an den Fingern klebt. Eventuell muss hierfür mehr Mehl zugegeben werden.

Aus dem fertigen Teig werden rund 2 cm dicke Würste gerollt. Diese in die gefettete Form legen (eventuell zweilagig, dabei die obere Reihe quer), mit Sahne bestreichen und bei 180 °C (Ober-/Unterhitze) im vorgeheizten Backofen etwa 15 Minuten backen. Dann nochmals mit Sahne bestreichen und restliche Sahne darübergießen. Weitere 30 Minuten backen, bis sich eine Kruste gebildet hat.

TIPP: Gebratene Zwiebelringe passen sehr gut dazu. Wer eine nicht vegetarische Variante bevorzugt, greift zu gebratenem Speck. Die Bruckhölzer können aber auch als Beilage zu Braten und Sauerkraut gereicht werden.

LASAGNE MIT ALBLINSEN

UND TOMATEN

Linsen und Spätzle gelten als das schwäbische Heiligtum schlechthin. Auf den ersten Blick mag die Kombination zweier derart »wuchtiger« Bestandteile etwas befremdlich wirken. Tatsächlich ergänzen sich jedoch die in den beiden Zutaten enthaltenen Eiweißbausteine optimal. Seit vielen Jahrhunderten werden die schmackhaften Hülsenfrüchte auf den steinigen Böden der Schwäbischen Alb kultiviert. Archäologische Funde belegen deren Anbau bereits für die Hallstattzeit um 500 v. Chr. Allerdings verschwanden die gesunden Eiweißspender seit dem Zweiten Weltkrieg zusehends von den Feldern. Die Erträge waren zu niedrig, der Arbeitsaufwand zu hoch, Reinigung und Ernte zu arbeitsintensiv. Innovative Älbler leiteten jedoch seit Mitte der 1980er-Jahre eine Rückbesinnung auf die alte Tradition ein. Zunächst mit italienischen und französischen Sorten, da das Saatgut der Alblinse vollkommen verschwunden zu sein schien. Erst 2006 wurden die historischen Alblinsensorten in St. Petersburg wiederentdeckt. Mittlerweile haben sich die »Alb-Leisa« zu einem gefragten, hochwertigen Qualitätsprodukt gemausert, das längst auch den Einzug in die Spitzengastronomie gefunden hat.

FÜR 4 PERSONEN

ZUTATEN

400 g Linsen (bevorzugt Alblinsen)
1 Zwiebel
1 EL Sonnenblumenöl
800 g geschälte, gestückelte Tomaten
1 TL frischer Oregano
1 TL frischer Thymian
750 g Schmand
Salz, frisch gemahlener schwarzer Pfeffer
Butter für die Auflaufform
6–10 Lasagneplatten
200 g geriebener Käse (bevorzugt Albkäse)

Die Linsen im Schnellkochtopf rund 8 bis 10 Minuten garen. Die Zwiebel schälen, in kleine Würfel schneiden und mit Öl in einer Pfanne anbräunen. Tomaten und Kräuter zugeben. Die erkalteten Linsen mit Schmand vermischen und mit Salz und Pfeffer abschmecken. Eine Auflaufform fetten, dann immer abwechselnd Lasagneplatte, Tomaten, Lasagneplatte und Linsen-Schmand-Masse schichten, wobei die Linsen-Masse die letzte Schicht ist. Den Käse darauf verteilen und bei 220 °C (Ober-/Unterhitze) im vorgeheizten Backofen 35 Minuten backen, bis die Teigplatten weich sind.

BIETIGHEIMER LAUBFRÖSCHE
IN PAPRIKASAUCE

Froschgerichte zählen nicht unbedingt zum Kanon der klassischen schwäbischen Küche. So gesehen überrascht es nicht, dass Bietigheimer Laubfrösche ohne den geringsten Bestandteil des grünen Hüpfers zubereitet werden. Das Gericht reiht sich vielmehr in die stattliche Zahl jener Speisen ein, die übrig gebliebene Lebensmittel kreativ in eine neue Genussform transformieren. Zerkleinerte Bratenreste vom Vortag wandern zusammen mit anderen Zutaten in Mangoldblätter, die man anschließend aufrollt. Und so werden Bietigheimer Laubfrösche ihrem Namen – zumindest in optischer Hinsicht – vollumfänglich gerecht: Tatsächlich erinnern sie an grüne Laubfrösche ohne Beine.

FÜR 4 PERSONEN

FÜR DIE PAPRIKASAUCE

6–8 Paprika
1 Zwiebel
1–2 Knoblauchzehen
Sonnenblumenöl zum Anbraten
frisch gemahlener schwarzer Pfeffer, Salz

FÜR DIE LAUBFRÖSCHE

20 große Mangoldblätter
150 g mehlige Kartoffeln
100 g gewürztes Soja-Hack
½ Bund Petersilie
250 g Champignons (bevorzugt Ehestetter Champignons)
1 Zwiebel
Sonneblumenöl zum Anbraten
2 Eier
Salz, frisch gemahlener schwarzer Pfeffer
geriebene Muskatnuss
100 g geriebener Käse (bevorzugt Albkäse)

Für die Sauce die Paprika waschen, abtrocknen, Stiele und Kerne entfernen. Pürieren oder einen Entsafter verwenden. Zwiebel und Knoblauch schälen, fein würfeln und mit Öl anbraten. Die Paprikasauce zugeben und reduzieren lassen. Mit Pfeffer und Salz abschmecken.

Für die Laubfrösche die Mangoldblätter waschen und die großen Stiele herausschneiden. Portionsweise in einem großen Topf kurz in kochendem Salzwasser blanchieren. Mit kaltem Wasser abschrecken und gut abtrocknen. Die Kartoffeln schälen, vierteln und in Salzwasser gar kochen. Abgießen und zur Seite stellen. Das Soja-Hack (gemäß der Vorgabe des Herstellers) einweichen. Petersilie waschen und klein hacken. Pilze säubern, klein schneiden und mit der geschälten und

klein geschnittenen Zwiebel in Öl anbraten. Zur Seite stellen und abkühlen lassen. Die gekochten Kartoffeln durch eine Presse drücken, mit dem fertigen Soja-Hack, der Petersilie und den Eiern gut vermischen. Zum Schluss die Pilze unterheben. Mit Salz, Pfeffer und Muskat würzen.

Mangoldblätter einzeln auf der Arbeitsfläche auslegen und mit der Masse füllen. Jedes Blatt aufrollen und mit der Naht nach unten in eine mit der Paprikasauce gefüllte Auflaufform setzen. Die Laubfrösche mit Käse bestreuen und bei 200 °C (Ober-/Unterhitze) im vorgeheizten Backofen rund 30 Minuten überbacken.

EINFACHER KIRSCHENMICHEL

Ausgrabungen am Bodensee belegen, dass Kirschen bereits im Mesolithikum als Nahrungsmittel in unserer Region verbreitet waren. Allerdings genossen unsere steinzeitlichen Vorfahren noch keine Kultursorten, sondern kleine, wilde Holzkirschen, deren Aroma wohl eher bescheiden war. Erst im 19. Jahrhundert begann man mit der systematischen Veredelung der süßen Früchte. Seinerzeit wurden zahlreiche sogenannte Obstgärten gegründet, in denen der Obstanbau unter wissenschaftlichen Aspekten betrieben wurde. Federführend war das pomologische Institut in Reutlingen, das von Eduard Lucas, dem bedeutendsten Obstkundler seiner Zeit, gegründet wurde. Es bot erstmals in Württemberg eine qualifizierte Ausbildung für Pomologen und erfreute sich der Förderung und Unterstützung des damaligen württembergischen Königspaares. Heute spielt der Anbau von Kirschen und Streuobst eine wichtige Rolle, wenn es um den Erhalt unserer Kulturlandschaft geht. Denn die Streuobstwiesen bieten einen vielfältigen Lebensraum für rund 3000 bis 5000 Tier- und Pflanzenarten. Sie zählen damit zu den wertvollsten und artenreichsten Lebensräumen der hiesigen Kulturlandschaft.

FÜR 4 PERSONEN

ZUTATEN

6 Brötchen vom Vortag
500 ml Milch
100 g Butter
75 g Zucker
4 Eier
1 Prise gemahlener Zimt
1 Prise Salz
750 g entsteinte Kirschen
Fett für die Form

Die Brötchen in Scheiben schneiden und mit etwas lauwarmer Milch einweichen. 75 g Butter mit dem Zucker verrühren. Eier trennen, Eigelb zur Butter-Zucker-Creme geben und alles zusammen schaumig rühren. Eiweiß mit Zimt und Salz steif schlagen.

Brötchen mit der Creme und der restlichen Milch verrühren. Kirschen und zuletzt den Eischnee unterheben. In eine große oder mehrere kleine gefettete Auflaufformen füllen, die restliche Butter in Flöckchen darauf verteilen, im vorgeheizten Backofen bei 200 °C (Ober-/Unterhitze) 50 Minuten backen und warm servieren.

RUTESHEIMER
ROHSTRUGEL

Rohstrugel ist sowohl ein Spitzname für die Einwohner von Rutesheim als auch die Bezeichnung für eine dortige Süßspeisenspezialität, die im Original übrigens ohne Zuckerzusatz zubereitet wird. Traditionell zählt sie zum kulinarischen Angebot des alljährlichen Rohstrugel-Fußballturniers. Ansonsten genießt man Rohstrugel vorzugsweise als Hauptgericht, gerne mit einem halbtrockenen Muskateller aus Württemberg, der sich aromatisch vorzüglich mit dem dezent gesüßten Rohstrugel und den darin enthaltenen Äpfeln verbindet. In diesem Zusammenhang sind vor allem alte heimische Apfelsorten zu empfehlen: Brettacher, Gewürzluike oder Jakob Fischer beispielsweise passen wunderbar zu Backwaren. Die ökologisch wertvolle Obstvielfalt verdankt das Land nicht zuletzt dem Obstzüchter Johann Caspar Schiller. Nach der Veröffentlichung seines Werks »Betrachtungen über Landwirthschaftliche Dinge in dem Herzogthum Württemberg« (1767/68), in dem er Ideen zur Verbesserung der Landwirtschaft präsentierte, berief ihn Herzog Carl Eugen 1775 an die Hohe Carlsschule. Als Oberaufseher über die herzoglichen Gartenanlagen und Leiter der Baumschule auf Schloss Solitude bewirkte er entscheidende Fortschritte auf dem Gebiet der Pomologie und wurde so zu einem der Wegbereiter der wertvollen württembergischen Streuobstparadiese.

FÜR 4 PERSONEN

ZUTATEN

300 g Weizenmehl (Type 405)
1 l lauwarme Milch
50 g Butter
1 EL Sonnenblumenöl
4–6 Äpfel
Fett für die Auflaufform
400 g Schmand
7 Eier
Salz
Butterflöckchen

Aus Mehl, 100 Milliliter Milch, Butter und Öl einen Nudelteig kneten. Diesen in 4 Teile schneiden und sehr dünn auswellen. Äpfel schälen, Kerngehäuse entfernen und in kleine Stücke schneiden. Apfelstücke auf den Teigstücken verteilen, Teig zusammenrollen und in eine gefettete Auflaufform setzen. Schmand, Eier, Salz und restliche 900 Milliliter Milch miteinander verquirlen und über die Nudelrollen gießen. Bei 180 ° C (Ober-/Unterhitze) im vorgeheizten Backofen 60 bis 70 Minuten backen und zum Schluss mit Butterflöckchen bestreuen.

BESCHWIPSTER
OFENSCHLUPFER

Zu den wichtigsten Pionieren der deutschen Weinkultur zählt Immanuel August Ludwig Dornfeld (Namensgeber, aber nicht Züchter des gleichnamigen Weins). Der Amtsschreiber aus Neckarweihingen, in mehreren württembergischen Orten als Kameralverwalter tätig, veröffentlichte 1868 die erste umfassende Darstellung der Geschichte des Weinbaus in Schwaben. Er äußerte hier auch seine Sorgen bezüglich dessen Zukunft: »Überhaupt scheint, insbesondere durch den häufigen Genuß des Kaffees und das viele Tabakrauchen unser Nervensystem nach und nach so geschwächt zu werden, daß Manche den regelmäßigen Genuß des Weins gar nicht mehr ertragen können, und durch das viele nicht aufheiternde, sondern mehr betäubende Biertrinken will sich auch unser geselliger, fröhlich und heiterer schwäbischer Charakter verändern ...« Schon früh engagierte sich Dornfeld für die Einrichtung einer württembergischen Weinbauschule. Nicht zuletzt seinen Bemühungen ist die Gründung der 1868 eingeweihten Königlichen Weinbauschule in Weinsberg, der ersten ihrer Art in Deutschland, zu verdanken.

FÜR 4 PERSONEN

ZUTATEN

250 g Stangenweißbrot vom Vortag
250 ml Württemberger Rotwein (z. B. Trollinger mit Lemberger)
50 g Vanillezucker
1 Zimtstange
2 Gewürznelken
Schale von ½ unbehandelten Zitrone
4 Eier
3 EL gemahlene Haselnüsse
Sonnenblumenöl zum Braten
100 g Rosinen
Butter für die Auflaufform
50 g Puderzucker

Das Brot in etwa 2 cm dicke Scheiben schneiden. Rotwein mit Vanillezucker, der Zimtstange und den Nelken in einem Topf erwärmen. Die Zitronenschale spiralförmig abschälen und in den Topf geben. Eier verquirlen und mit den Nüssen vermischen. Brotscheiben durch die Eimasse ziehen und mit Öl in einer Pfanne beidseitig knusprig braten. Auf Küchenkrepp abtropfen lassen. Rotweinsud durch ein Sieb gießen und wieder in den Topf zurückgeben. Darin die Rosinen etwas ziehen lassen. In die gefettete Auflaufform die Brotscheiben schichten, mit Wein beträufeln und mit den Rosinen bestreuen. Bei 175 °C (Ober-/Unterhitze) im vorgeheizten Backofen 10 Minuten backen und vor dem Servieren mit Puderzucker bestreuen.

Süßes zu Tee und Kaffee

OLGABREZEL

Mit keiner anderen Dynastie pflegte das Haus Württemberg so enge verwandtschaftliche Beziehungen wie mit den Romanows. In Stuttgart erinnern bis heute Einrichtungen wie das Katharinenhospital und das »Olgäle« an das soziale Engagement der eingewanderten Zarentöchter. Auch kulinarische Köstlichkeiten gehen auf sie zurück. So kreierte ein Stuttgarter Zuckerbäcker für Olga Nikolajewna, die Gemahlin von König Karl, die Olgabrezel, ein süßes Dauergebäck, das mit gehobelten Mandeln und Zuckerguss verfeinert wird.

FÜR ETWA 8 BREZELN

FÜR DEN KNETTEIG

125 g Weizenmehl (Type 405)
25 g ungezuckerter Kakao (keine Trinkschokolade!)
80 g weiche Butter
1 Eiweiß
1 Päckchen Vanillezucker
80 g Zucker
1 Messerspitze Backpulver

250 g Blätterteig
1 Eigelb
1 EL Milch
70 g Mandelblättchen

FÜR DEN ZUCKERGUSS

100 g Puderzucker
1–2 EL Zitronensaft

Für die Brezeln aus Mehl, Kakao, Butter, Eiweiß, Vanillezucker, Zucker und Backpulver rasch einen glatten Teig kneten und 30 Minuten im Kühlschrank ruhen lassen. Den Blätterteig auf einer bemehlten Arbeitsfläche rechteckig auswellen. Den gekühlten Teig ebenfalls auf einer bemehlten Arbeitsfläche rechteckig, jedoch nur halb so groß auswellen. Auf die obere Hälfte des Blätterteigs legen und die untere Hälfte darüberklappen. Etwas festdrücken und erneut rechteckig auswellen. Streifen abschneiden und gegeneinander verdrehen, bis der helle und der dunkle Teig eine Kordel bilden. Zu einer Brezel formen und auf ein mit Backpapier ausgelegtes Blech legen. Das Eigelb mit Milch vermischen, damit die Brezeln bestreichen und die Mandelblättchen darüberstreuen. Im vorgeheizten Backofen bei 220 °C (Ober-/Unterhitze) etwa 10 Minuten backen.

Für den Zuckerguss den Puderzucker mit Zitronensaft vermengen, bis eine dickflüssige Glasur entsteht, und damit die Olgabrezeln bestreichen.

KARTOFFELHÖRNLE
MIT HÄGENMARK

Man sieht sie nicht mehr sehr häufig, die dornigen Hagebuttensträucher mit den tiefroten Beeren. Ein Schicksal, das etliche weitere Wildfrüchte wie Kornelkirsche, Weißdorn, Eberesche und Apfelbeere mit ihnen teilen. Die pflegeleichten und anspruchslosen Energiespender, die auf fast allen Böden gedeihen, zählten lange zum festen Bestandteil unserer regionalen Küche. Noch in den Hungerjahren nach dem Zweiten Weltkrieg waren sie für breite Bevölkerungsschichten eine unverzichtbare Energiequelle. Denn sie sind eine wahre Energiebombe und eine äußerst wirksame Waffe gegen Mangelerkrankungen. Geerntet werden sie in der Regel zwischen Oktober und November, wobei die Hagebutten umso süßer sind, je später sie gepflückt werden. Tatsächlich kann man die saftig-rote Wildfrucht jedoch den ganzen Winter über ernten. Gerade in der kalten Jahreszeit versorgten sie über Jahrhunderte hinweg die arme Bevölkerung mit lebenswichtigen Vitaminen. Hagebutten können zwar roh verzehrt werden, wurden und werden aber zumeist konserviert. In Schwaben liebt man vor allem das Hägenmark, das nicht nur ein schmackhafter Brotaufstrich ist, sondern in der Vergangenheit auch zum Süßen von Backwaren und Getränken diente.

FÜR ETWA 8 HÖRNLE

ZUTATEN

250 g mehligkochende Kartoffeln
50 g Butter
125 g Zucker
250 g Weizenmehl (Type 405)
Mark von ½ Vanilleschote
1 Ei
Saft und Abrieb von ½ unbehandelten Zitrone
1 EL Backpulver
1 Prise Salz
100 g Hägenmark
Puderzucker zum Bestreuen

Die am Vortag gekochten Kartoffeln schälen und durch eine Presse drücken. Die Butter schaumig rühren und mit der Kartoffelmasse, Zucker, Mehl, Vanillemark, Ei, Zitrone, Backpulver und Salz zu einem Teig kneten. Diesen einen halben Zentimeter dick auswellen und Quadrate ausschneiden (ca. 10 x 10 cm). In die Mitte einen guten Teelöffel Hägenmark geben und von einer Ecke aus Hörnle aufrollen. Diese auf ein mit Backpapier ausgelegtes Blech setzen und im vorgeheizten Backofen bei 180 °C (Ober-/Unterhitze) etwa 10 bis 15 Minuten goldgelb backen. Vor dem Servieren mit Puderzucker bestreuen.

Karottenkuchen

mit Frischkäsehaube

Für die breite Masse der württembergischen Bevölkerung wurde Zucker erst seit Mitte des 19. Jahrhunderts halbwegs erschwinglich. Rasch erlebte die Zuckerproduktion einen enormen Aufschwung. Bereits 1851 erfolgte die Gründung der Stuttgarter Zuckerfabrik, die vier Jahre nach ihrer Entstehung schon 255 000 Zentner Zucker erzeugte. In den folgenden 50 Jahren führte die starke Nachfrage zu einem enormen Arbeitskräftemangel. Daher gingen die Zuckerfabriken der Landeshauptstadt 1905 dazu über, Saisonkräfte aus Italien, Tirol, Ungarn, Galizien und Polen anzuwerben.

FÜR EINE SPRINGFORM MIT 26 CM DURCHMESSER

Für den Teig

Butter und Semmelbrösel für die Form
300 g Gelbe Rüben bzw. Karotten
4 Eier
120 g Zucker
Salz
2 Eigelb
50 ml Milch
Abrieb von ½ unbehandelten Zitrone
2 Päckchen Vanillezucker
Mark von ½ Vanilleschote
150 g zerlassene Butter
170 g Weizenmehl (Type 405)
2 EL Backpulver
100 g gemahlene Haselnüsse

Für die Füllung

600 g Frischkäse
300 g Schmand
5 EL Zucker
5 EL Zitronensaft

Für die Garnitur

200 g Krokantstreusel
12 Marzipanmöhren (Fertigprodukt)
24 Blätter Zitronenmelisse

Zunächst den Boden und Rand einer Springform fetten und mit Semmelbröseln ausstreuen. Für den Teig die Karotten waschen, schälen und fein raspeln. Die Eier trennen und das Eiweiß mit 50 g Zucker und einer Prise Salz steif schlagen. Alle Eigelbe mit Milch, dem restlichen Zucker, Zitronenabrieb, Vanillezucker und -mark mischen. Flüssige Butter nach und nach zugießen und unterrühren, dann den Eischnee vorsichtig unterheben. Mehl mit Backpulver mischen, in eine Schüssel sieben, dann die Haselnüsse untermischen und zusammen mit den Karotten zur Ei-Mischung geben und vorsichtig unterrühren. Teig in die vorbereitete Springform füllen, glatt strei-

chen und bei 190 °C (Ober-/Unterhitze) im vorgeheizten Backofen rund 40 Minuten goldbraun backen. Gut abkühlen lassen, aus der Form nehmen und mit einem großen, scharfen Messer einmal quer durchschneiden, sodass 2 Tortenböden entstehen.

Für die Füllung alle Zutaten miteinander vermischen. Einen Teil der Masse auf dem Teigboden verteilen, Deckel auflegen, restliche Menge auf dem Deckel und dem Rand verteilen.

Zur Garnitur den Krokant umlaufend auf den Rand streuen und Marzipanmöhren auf dem Deckel gleichmäßig verteilen. Deckel mit ein paar Krokantstreuseln und den Blättern dekorieren.

SAFTIGER TRÄUBLESKUCHEN

Johannisbeeren – eigentlich eine fast »internationale« Frucht – sind seit Langem schon so eingeschwäbischt, dass sie in unserer Landessprache mit dem liebevollen Ehrentitel »Träuble« geadelt wurden. In den sogenannten Bauerngärten zählen sie zum scheinbar unverrückbaren Inventar. Dabei geht die bunte Vielfalt dieser Gärten vor allem auf die Lehrer und Pfarrer zurück. Beide Berufsgruppen wurden schlecht bezahlt und betrieben daher für den Eigenbedarf einen reichhaltigen Anbau. Im Gegensatz zu den einfachen Bauern waren sie offen für die Kultivierung neuer Pflanzen.

FÜR EINE SPRINGFORM MIT 26 CM DURCHMESSER

FÜR DEN MÜRBTEIG

250 g Weizenmehl (Type 405)
1 Ei
1 Prise Salz
65 g Zucker
125 g kalte Butter in kleinen Flocken
Butter für die Form
Semmelbrösel

FÜR DEN BELAG

5 Eier
200 g Zucker
125 g gemahlene Haselnüsse
500 g frische oder aufgetaute Rote Johannisbeeren ohne Stiel

FÜR DIE GARNITUR

2 bis 3 TL Puderzucker
12 Rispen Rote Johannisbeeren (mit Stiel)

Für den Kuchenboden Mehl, Ei, Salz, Zucker und Butterflocken zügig zu einem Teig verarbeiten. Eine Kugel formen, diese platt drücken und für 15 Minuten im Kühlschrank lagern. Die Springform fetten. Den Teig ausrollen, in die Form legen, einen Rand formen und alles mit Semmelbröseln ausstreuen (da die Johannisbeeren viel Saft ziehen).

Für die Füllung die Eier trennen und das Eiweiß steif schlagen. Zucker und Eigelb gut vermengen. Gemahlene Nüsse einrühren und zuletzt den Eischnee vorsichtig unterheben. Die Johannisbeeren in zwei Drittel der Masse unterheben und auf den Teig geben. Die restliche Masse darauf verteilen und im vorgeheizten Backofen bei 200 °C (Ober-/Unterhitze) 60 Minuten backen.

Nach dem Abkühlen den Kuchen mit Puderzucker bestreuen und mit den Rispen belegen.

RHABARBERKUCHEN
MIT NÜSSEN

Rhabarber schmeckt wie Obst und wird in der schwäbischen Küche auch ganz überwiegend so behandelt. Verwendung findet er vor allem als Kuchenbelag, Saft oder Marmelade. Das mag geschmacklich durchaus angebracht sein, ist aber botanisch betrachtet nicht korrekt. Denn das Knöterichgewächs zählt zu den Stangengemüsen und kann auch als solches zubereitet werden. Der Name Rhabarber verweist auf die migrantische Herkunft der Pflanze. Obwohl sie in China schon jahrtausendelang angebaut wurde, erreichte sie erst um die Mitte des 18. Jahrhunderts die schwäbischen Gärten und konnte rasch Fuß fassen. Einziger Minuspunkt des Gemüses war sein fruchtig-säuerlicher Geschmack. Angeblich wurde es von den Schwaben erst akzeptiert, als sie das »saure Zeugs« mit Zucker versüßen konnten.

FÜR EINE SPRINGFORM MIT 26 CM DURCHMESSER

FÜR DEN HEFETEIG

10 g Hefe
125 ml Milch
250 g Weizenmehl (Type 405)
50 g Butter + etwas mehr für die Form
40 g Zucker
1 Ei
1 Prise Salz

FÜR DEN BELAG

500 g Rhabarber
300 g Zucker
1 Päckchen Vanillezucker
5 Eigelb
100 g gehackte Haselnüsse
5 Eiweiß

Für den Teig die Hefe mit lauwarmer Milch glatt rühren. Mit den übrigen Zutaten zu einem glatten Teig verarbeiten und diesen an einem warmen Ort abgedeckt ruhen lassen, bis er zur doppelten Höhe aufgegangen ist (rund 30 Minuten). Danach auswellen, in die gefettete Form legen und einen Rand formen.

Für den Belag den Rhabarber waschen, abziehen und in kleine Stücke schneiden. Zucker und Vanillezucker vermischen und das Eigelb mit zwei Drittel des Zuckers schaumig rühren, dann die rohen Rhabarberstücke und die Nüsse unterrühren. Eiweiß mit dem restlichen Zucker steif schlagen und unter die Masse heben. Auf dem Teigboden verteilen und im vorgeheizten Backofen bei 200 °C (Ober-/Unterhitze) 60 Minuten backen.

FEINE SCHWÄBISCHE FLACHSWICKEL

Gäbe es eine Rote Liste für vom Aussterben bedrohte Backwaren, würden schwäbische Flachswickel dort einen prominenten Platz einnehmen. Ein Grund für ihre schwindende Beliebtheit ist nur schwer auszumachen. Aufgrund ihres geringen Zuckergehalts passen sie gut zu heutigen Ernährungsgewohnheiten. Und auch die Herstellung ist nicht zu anspruchsvoll. Die Namensgebung bedarf keiner weiteren Erläuterung: Das Hefegebäck sieht genauso aus, wie es heißt, und erinnert an die große Bedeutung des Flachsanbaus für die Schwäbische Alb. Die kargen Böden, das raue Klima und die raren Sonnenstunden boten der dortigen Bevölkerung wenige Möglichkeiten, ihren Lebensunterhalt durch den Anbau von Nahrungspflanzen zu bestreiten. Abhilfe bot der Anbau von Flachs, der in Heimarbeit zu Leinen verarbeitet wurde. Lange war Laichingen gleichsam die »Hauptstadt« der Leinenweberei. Das dortige Leinenwebermuseum erinnert an die bis ins Mittelalter zurückreichende Tradition. Der linnene Höhenflug fand in der 2. Hälfte des 19. Jahrhunderts ein jähes Ende, als der wertvolle Handelsartikel durch den Import billigerer Baumwolle verdrängt wurde.

FÜR 6 BIS 8 FLACHSWICKEL

ZUTATEN

250 g Weizenmehl (Type 405)
10 g Hefe
3 EL lauwarme Milch
125 g kalte Butter
1 Ei
1 Prise Salz
Abrieb von ½ unbehandelten Zitrone
200 g Hagelzucker

Das Mehl auf die Arbeitsplatte schütten und in der Mitte eine Mulde bilden. Hefe mit lauwarmer Milch glatt rühren und in die Mulde geben. Kalte Butter in kleine Stücke schneiden und außen herum auf das Mehl legen. Ei, Salz und Zitronenabrieb ebenfalls in die Mitte geben. Mit einem breiten Messer oder einem Spätzleschaber alles zu einem bröseligen Teig hacken. Sobald dieser anfängt sich zu ballen, rasch mit den Händen zu einem gleichmäßig glatten Teig kneten. Diesen teilt man sofort in 24 Teile und wellt sie in Stränge aus, die in der Mitte dicker als außen sind, wobei sie zuletzt durch den dicht ausgestreuten Hagelzucker gerollt werden. Die gezuckerten Stränge zusammenflechten und auf einer Backmatte (oder einem gefetteten Backblech) kurz gehen lassen. Im auf 200 °C (Ober-/Unterhitze) vorgeheizten Ofen etwa 15 bis 20 Minuten backen.

NUSSSCHNECKEN
MIT STREUSELN

Haselnusssträucher benötigen keine besondere Komfortzone. Das gutmütige, frostharte Birkengewächs gedeiht auch auf den Höhen der Schwäbischen Alb, ebenso wie in Teilen der nördlichen Alpen. Schon im Mesolithikum, 7000 bis 6000 v. Chr., zählten Haselnüsse zu den wichtigsten Nahrungsquellen unserer steinzeitlichen Vorfahren. Die Germanen zollten »Frau Haselin« ebenfalls großen Respekt. Das Nahrungsmittel war so wertvoll, das sich Fremde nur diskret an den Büschen bedienen durften. Auch in Schwaben wusste man die knackigen Kraftspender stets zu schätzen. In der traditionellen heimischen Backkunst spielen sie eine wichtige Rolle. Ohne den gemeinen Hasel müssten wir auf Nusshörnle, Hutzelbrot, Strohhütchen, Kranz, Pomeranzenbrot, etliche Weihnachtsbrödle und viele weitere Leckereien verzichten.

FÜR ETWA 8 NUSSSCHNECKEN

FÜR DEN HEFETEIG

21 g frische Hefe (= halber Würfel)
250 ml lauwarme Milch
500 g Weizenmehl (Type 405)
80 g Zucker
2 Eier
100 g weiche Butter
1 Prise Salz

FÜR DIE FÜLLUNG

250 g gemahlene Haselnüsse
1 EL Rum
1 EL Zimt

FÜR DIE STREUSEL

50 g Butter
50 g Weizenmehl (Type 405)
50 g Zucker

FÜR DIE GLASUR

3 EL Puderzucker
1 EL Zitronensaft von 1 unbehandelten Zitrone

Für den Teig die Hefe mit der lauwarmen Milch glatt rühren. Mit den übrigen Zutaten zu einem glatten Teig verarbeiten und diesen an einem warmen Ort abgedeckt ruhen lassen, bis er zur doppelten Höhe aufgegangen ist (etwa 30 Minuten).

Für die Füllung alle Zutaten gut miteinander vermischen.

Dann den Teig auf Größe des Backblechs ausrollen und die Füllung gleichmäßig darauf verteilen. Von der langen Seite her von unten nach oben aufrollen. Mit einem scharfen Messer rund 2 cm breite Röllchen abschneiden und mit Abstand auf zwei mit Backpapier ausgelegte Bleche legen.

Für die Streusel alle Zutaten auf einer Arbeitsfläche mit einem breiten Messer miteinander verhacken, bis kleine Brösel entstehen. Diese auf den fertigen gerollten Nussschnecken verteilen. Die Nussschnecken im vorgeheizten Backofen bei 180 °C (Ober-/Unterhitze) 20 Minuten backen.

Für die Glasur den Puderzucker mit dem Zitronensaft vermengen, bis ein dickflüssiger Guss entsteht, und damit die Nussschnecken nach dem Backen mit einem Pinsel bestreichen.

STUTTGARTER RIESLINGTORTE

An den Stuttgarter Steilhängen des Neckars gedeihen nicht nur charaktervolle Rotweine, sondern auch qualitativ hochwertige, fruchtige Rieslinge. Zeitweise war das Niveau der heimischen Rebensäfte allerdings eher bescheiden. Denn seit dem Dreißigjährigen Krieg wurden sie aus purer Not immer wieder mit Most gestreckt. Die Obrigkeit reagierte mit Verboten. In Esslingen sollten die Mostpressen gar ganz abgeschafft werden. Eine unliebsame Konkurrenz war das Bier, weshalb die Stuttgarter Weinbauern 1663 ein Bierbrauverbot erwirkten. Schließlich veranlasste König Wilhelm I. zur Verbesserung des Weinbaus Anfang des 19. Jahrhunderts den Import von Rieslingreben aus dem Rheinland.

FÜR EINE SPRINGFORM MIT 26 CM DURCHMESSER

FÜR DEN BISKUITTEIG

50 g Weizenmehl (Type 405)
50 g Stärkemehl (z. B. Mondamin)
½ TL Backpulver
40 g Backkakaopulver
2 Eier
100 g Zucker
Butter für die Springform

FÜR DIE WEINCREME

12 g gemahlene Gelatine (Menge entspricht 8 Blatt)
4 Eigelb
160 g Zucker
375 ml Riesling (bevorzugt aus Stuttgart)
Abrieb und Saft von ½ unbehandelten Zitrone
Saft von 1 Orange
250 g Sahne
einige Weintrauben zum Garnieren

Der Biskuitteig sollte bereits am Vortag gebacken werden. Dafür Mehl, Stärkemehl, Backpulver und Kakao miteinander vermischen. Eier trennen, Eigelb mit 2 Esslöffel heißem Wasser gut schaumig schlagen und löffelweise 75 g Zucker unter Schlagen zugeben. Mit einem Schneebesen zu einer dicken, cremigen Masse schlagen. Eiweiß langsam unter löffelweiser Zugabe der restlichen 25 g Zucker steif schlagen. Den Eischnee auf die Creme geben und das Mehlgemisch darüberschütten. Mit einem Schneebesen den Eischnee und das Mehlgemisch locker unter die Creme heben, bis das Mehlgemisch nicht mehr zu sehen ist. Den Teig in eine am Rand gut gefettete und mit Backpapier ausgelegte Springform (verstellbar oder mit 26 cm Durchmesser)

gießen, glatt streichen und im vorgeheizten Backofen gleich bei 190 °C (Ober-/Unterhitze) 25 bis 30 Minuten backen. Den Biskuit gut erkalten lassen und dann den Ring der Springform vorsichtig mit einem spitzen Messer ablösen und den Kuchen vorsichtig auf ein Drahtgitter stürzen. Den Boden der Springform abnehmen und am nächsten Tag vorsichtig das Backpapier abziehen.

Für die Weincreme die Gelatine mit etwa 8 EL kaltem Wasser anrühren und 5 Minuten quellen lassen. Eigelb mit Zucker schaumig rühren, dann in einem Topf mit dem Wein, dem Zitronenabrieb und dem Saft von Orange und Zitrone bis kurz vor den Siedepunkt erhitzen. Vom Herd nehmen, die gequollene Gelatine zugeben und unter Rühren in der heißen Creme auflösen. Sahne steif schlagen und mit einem Schneebesen locker unter die Weincreme heben, sobald diese abgekühlt ist und zu stocken beginnt.

Einen passenden Tortenring oder eine hohe Springform um den Teigboden stellen und die Weincreme einfüllen. Im Kühlschrank fest werden lassen und dann mit halbierten frischen Weintrauben garnieren.

KIRCHWEIHKUCHEN

MIT ÄPFELN

Das Kirchweihfest, im Schwäbischen kurz Kirbe genannt, spielte im dörflichen Leben stets eine wichtige Rolle. Vielfältige, regional unterschiedliche Bräuche waren damit verbunden. Zu ihnen zählt seit Urzeiten die bis heute gepflegte Tradition, anlässlich des kirchlichen Festes einen Kirbekuchen zu backen. In aller Regel handelt es sich dabei um Blechkuchen, wobei in den einzelnen Ortschaften nicht immer die gleichen Zutaten zum Einsatz kommen.

FÜR 1 BACKBLECH

FÜR DEN HEFETEIG

60 g Hefe
300 ml lauwarme Milch
75 g Zucker
750 g Weizenmehl (Type 405)
120 g Butter
3 EL Sonneblumenöl
1 Prise Salz
Abrieb von 1 unbehandelten Zitrone

FÜR DIE FÜLLUNG

2 kg säuerliche Äpfel
100 g Butter
2 TL Zimt
100 g Zucker
100 g gehackte Haselnüsse
100 g Rosinen
Butter für das Backblech
1 Eigelb
2 EL Sahne

Für den Teig die Hefe mit etwas lauwarmer Milch und etwas Zucker glatt rühren. Zusammen mit den restlichen Zutaten einen Teig kneten. An einem warmen Ort etwa 30 Minuten gehen lassen.

Für die Füllung die Äpfel schälen, Kerngehäuse entfernen und klein schneiden. In einem Topf mit etwas Wasser und der Butter bei mäßiger Hitze einen Apfelbrei kochen. Zimt, Zucker, Nüsse und Rosinen unterrühren und erkalten lassen.

Ein Backblech mit hohem Rand einfetten und den Ofen auf 200 °C (Ober-/Unterhitze) vorheizen. Zwei Drittel des Teigs auf dem Blech verteilen und einen Rand hochziehen. Die Apfelmasse darauf verteilen, den restlichen Teig dünn auswellen und auf die Füllung legen. Die Teigränder zusammendrücken, den Deckel mit Eigelb und Sahne bestreichen und mit einer Gabel mehrfach einstechen. Nochmals rund 10 Minuten gehen lassen und dann 50 Minuten bei 200 °C backen.

ULMER
ZUCKERBROT

Die Freie Reichsstadt Ulm war aufgrund ihrer geografischen Lage am Schnittpunkt mehrerer wichtiger Vertriebsrouten eine bedeutende Handelsmetropole. Das brachte den dortigen Kaufleuten nicht nur enormen Reichtum, sondern auch den Zugang zu den Luxusgütern des Mittelmeerraums und des Orients. Exotische Waren wie Rosenwasser, Anis und Fenchel fanden den Weg in die Stadt und in ein exklusives Feingebäck, das Ulmer Zuckerbrot. Leisten konnten es sich nur sehr wenige Menschen. Dafür war seine Wertschätzung an den europäischen Fürstenhöfen umso größer.

FÜR 1 ZUCKERBROT

ZUTATEN

21 g Hefe (= halber Würfel)
250 ml lauwarme Milch
100 g Zucker
2 TL ganze Fenchelsamen
100 ml heller Malagawein
7 TL Rosenwasser
500 g Weizenmehl (Type 405)
1 TL ganze Anissamen
100 g geschmolzene Butter
2 Eier
1 Prise Salz
Abrieb von 1 unbehandelten Zitrone
Butter für das Backblech

Die Hefe mit etwas lauwarmer Milch und etwas Zucker glatt rühren. Fenchelsamen zerdrücken (z. B. in einem Mörser). Malagawein mit 4 TL Rosenwasser vermischen. Aus Mehl, gelöster Hefe, Anis, Fenchel, geschmolzener Butter, Zucker, Eiern, Salz und Zitronenabrieb einen Teig kneten. Dabei nach und nach die lauwarme Milch und das Süßwein-Rosenwasser-Gemisch zugeben. Den glatten Teig auf einer Arbeitsplatte nochmals von Hand gut durchkneten und eventuell etwas Mehl zugeben, bis ein gut formbarer und standfester Brotteig entsteht. Den Teig in einer abgedeckten Schüssel an einem warmen Ort auf das Doppelte aufgehen lassen. Nochmals von Hand gut durchkneten, zu einem flachen Rechteck wellen, dieses zu einer Rolle aufrollen, die beiden Enden nach unten klappen und den Teig auf ein gefettetes Backblech legen. Nochmals gut in die Höhe gehen lassen. Backofen auf 200 °C (Ober-/Unterhitze) vorheizen und vor dem Backen mit einem spitzen Messer den Teig in der Mitte tief einschneiden. Etwa 30 Minuten backen, dabei die letzten 10 Minuten auf Unterhitze stellen, sollte das Brot oben zu schnell braun werden. Fertiges Brot noch warm auf der Oberseite mit dem restlichen Rosenwasser bestreichen und auf einem Gitter auskühlen lassen.

Anis

SCHWÄBISCHER BUND

Der Siegeszug der Zuckerrübe ist letztendlich der Kontinentalsperre von 1806 zu verdanken. Der dadurch verursachte Mangel an wertvollem Rohrzucker, der aus Übersee importiert werden musste, lenkte den Blick auf die heimische Runkelrübe. Deren Zuckergehalt war bereits 1747 von dem Chemiker Andreas Sigismund Markgraf bewiesen worden. Der vielversprechende Ansatz wurde allerdings erst einige Jahrzehnte später von seinem Schüler Carl Achard aufgegriffen. Dabei erhoffte sich der Naturwissenschaftler, durch die heimische Zuckerrübenproduktion zur Beendigung der ihm verhassten Sklaverei beitragen zu können. Denn das Luxusgut Rohrzucker wurde in der »Neuen Welt« unter unmenschlichen Bedingungen gewonnen. In Deutschland ermöglichte der großflächige Zuckerrübenanbau breiten Bevölkerungsschichten den Genuss süßer Leckereien. Zucker war kein Privileg der Reichen mehr. Und die Armen waren nicht weiter darauf angewiesen, ihre Backwaren mit Honig zu süßen.

FÜR EINE RINGFORM MIT 28 CM DURCHMESSER

ZUTATEN

Fett und Mehl für die Ringform
6 Eier
150 g Butter
225 g Zucker
50 g gehackte Mandeln
50 g Rosinen
80 g Weizenmehl (Type 405)
80 g Speisestärke
Saft und Abrieb von ½ Zitrone

FÜR DIE GLASUR

ca. 80 g Puderzucker
Saft von 1–2 Zitronen
geschälte ganze Mandeln zum Dekorieren

Den Ofen auf 200 °C (Ober-/Unterhitze) vorheizen. Die Ringform fetten und mehlen. Die Eier trennen und das Eiweiß steif schlagen. Die Butter schaumig rühren, Eigelb und Zucker zufügen und verrühren. Gehackte Mandeln, Rosinen, Mehl, Speisestärke, Zitronenabrieb und -saft zugeben und vermischen. Zuletzt das steif geschlagene Eiweiß unterheben. 60 Minuten backen, auskühlen lassen und aus der Form nehmen.

Für die Glasur den Puderzucker mit Zitronensaft verrühren. Den Kuchen mit Zitronenglasur überziehen und mit ganzen geschälten Mandeln dekorieren.

SCHWÄBISCHER MOSTKUCHEN

Vor dem Ersten Weltkrieg war der Stuttgarter Mostobstmarkt der größte der Welt. »Da die ländliche und die Arbeitsbevölkerung sehr an den Genuß von Obstmost gewöhnt ist«, so berichtet das 1916 erschienene Buch »Württemberg unter der Regierung Willhelms II.«, erfolgte in obstarmen Jahren die Einfuhr von Mostobst aus Frankreich, Österreich und der Schweiz. Dabei war die Idee, die »kleinen Leute« mit dem schwäbischen Nationalgetränk bei Laune zu halten, nicht neu. Schon 1658 hatten sich die Landstände gegen ein Mostverbot ausgesprochen, mit der Begründung, das Gesinde und die Tagelöhner würden ihren Herren eher die Treue halten, wenn diese sie statt mit Wasser mit Most verköstigten. Alkoholexzesse waren nicht zu befürchten, denn der damalige Most war deutlich weniger stark als der heutige und wurde zudem mit Wasser verdünnt.

FÜR EINE SPRINGFORM MIT 26 CM DURCHMESSER

FÜR DEN MÜRBTEIG

250 g Weizenmehl (Type 405)
1 Ei
1 Prise Salz
65 g Zucker
125 g kalte Butter
Butter und Semmelbrösel für die Form

FÜR DEN BELAG

1 kg säuerliche Äpfel
2 Päckchen Vanillepudding
750 ml Most oder schwäbischer Weißwein
250 g Zucker
200 g geschlagene Sahne
Kakaopulver zur Dekoration

Für den Kuchenboden Mehl, Ei, Salz, Zucker und die Butter, die in kleinen Flocken hinzugegeben wird, zügig zu einem Teig verarbeiten. Eine Kugel formen, diese platt drücken und in Frischhaltefolie für 15 Minuten im Kühlschrank lagern. Die Springform fetten. Den Teig ausrollen, in die Form legen und einen Rand formen. Mit Semmelbröseln ausstreuen.

Für die Füllung die Äpfel waschen, schälen, entkernen und würfeln. Das Puddingpulver gemäß der Angabe des Herstellers mit Flüssigkeit anrühren und dann mit dem Most und dem Zucker aufkochen. Die Hälfte der Äpfel auf dem Teig verteilen, die andere Hälfte unter die Puddingmasse heben und dann ebenfalls auf den Teig geben. Bei 175 °C (Ober-/Unterhitze) im vorgeheizten Backofen etwa 75 Minuten backen. Erkalten lassen, aus der Form nehmen, die steif geschlagene Sahne auf dem Kuchen verteilen und mit Kakaopulver verzieren.

KNUSPRIGE SCHWEINSOHREN

Bei Schweinsohren handelt es sich nicht, wie der Namen vermuten lassen könnte, um ein exotisches Fleischgericht. Die Bezeichnung geht vielmehr auf das Erscheinungsbild des süßen Kleingebäcks zurück, das an die Ohrmuscheln von Schweinen erinnert. Heute lässt sich nicht mehr mit Sicherheit sagen, wann und wo das Backwerk entstanden ist. Während die Schweineöhrchen in Württemberg als traditionelle schwäbische Spezialität gelten, verortet eine Legende ihre Erfindung nach Paris, wo sie 1848 erstmals in Erscheinung getreten sein sollen. Dort tragen sie den schönen Namen *Coeurs de France*. In der Schweiz, wo sie ebenfalls gerne genossen werden, bezeichnet man sie als *Prussiens* oder *Dessertpreussen*. Die Bezeichnung mag regional variieren, zubereitet werden die Öhrchen jedoch überall aus luftig zartem Blätterteig. Dieser gelangte vermutlich infolge der mittelalterlichen Kreuzzüge aus dem östlichen Mittelmeerraum nach Mitteleuropa, wo er heute als Grundlage für süße und pikante Gerichte etabliert ist.

FÜR ETWA 8 SCHWEINSOHREN

ZUTATEN

250 g Blätterteig
100 g Zucker

Den Blätterteig 15 Minuten bei Zimmertemperatur liegen lassen. Die Hälfte des Zuckers auf einer Arbeitsplatte verteilen. Den Blätterteig darauf quer ausrollen und den restlichen Zucker auf den ausgerollten Teig streuen. Mit einem Nudelholz über den Teig rollen, damit der Zucker in den Teig gedrückt wird. Dann den Teig von den beiden kurzen Seiten her zur Mitte hin aufrollen. Mit einem scharfen Messer rund 1 cm dicke Scheiben abschneiden. Scheiben auf ein mit Backpapier ausgelegtes Backblech legen und mit dem übrigen Zucker von der Arbeitsplatte bestreuen und mit der Hand etwas andrücken. Im vorgeheizten Backofen bei 220 °C (Ober-/Unterhitze) 6 bis 7 Minuten backen, bis sie am Rand braun werden. Alle Teile wenden und nochmals 6 bis 7 Minuten backen, bis sie goldbraun sind. Auf einem Kuchengitter abkühlen lassen.

TIPP: Man kann den Zucker auch mit 1 TL Zimt mischen und dann, wie oben beschrieben, verarbeiten.

REZEPTREGISTER

VITAE

Katharina Hild & Nikola Hild

DIE FOTOGRAFIN

Katharina Hild, Jahrgang 1962, ist gebürtige Tübingerin. Nach Abschluss ihres Ingenieurstudiums gründete sie 1988 die Bildagentur Hild. Daneben arbeitet sie als Foto-Designerin mit den Schwerpunkten: Architektur, Kunst, Stillleben und Food.

DIE AUTORIN

Nikola Hild, Jahrgang 1958, ist gebürtige Tübingerin, studierte Empirische Kulturwissenschaft und Germanistik und ist derzeit als Gästeführerin in Tübingen tätig. Zusammen mit ihrer Schwester, Katharina Hild, veröffentlicht sie Reportagen und Sachbücher und ist Mitarbeiterin der Monatszeitschrift »Schöner Südwesten«.

DANKSAGUNG

Ein großes Dankeschön geht an Gertrud Menczel, die den Text mit feinem Sprachgefühl, fundiertem Fachwissen und akribischer Präzision lektoriert hat. Des Weiteren danken wir Bettina Kimpel und Gaby Schuska vom Silberburg-Verlag für ihre Unterstützung. Ein Backbuch lebt von appetitanregender Gestaltung. Diese lag in den Händen von Silke Schüler. Die Ideen zu diesem Backbuch wurden im Dreier-Team ersonnen. Dabei gilt unser ganz besonderer Dank Michael Preyer, der alle Backwerke zubereitet, die Rezepte immer wieder verfeinert und verbessert und ihnen so den letzten Schliff verpasst hat.

IMPRESSUM

Sollte dieses Werk Links auf Webseiten Dritter enthalten, so machen wir uns die Inhalte nicht zu eigen und übernehmen für die Inhalte keine Haftung.

In diesem Buch wird aus Gründen der besseren Lesbarkeit das generische Maskulinum verwendet. Weibliche und anderweitige Geschlechteridentitäten werden dabei ausdrücklich mitgemeint, soweit es für die Aussage erforderlich ist.

1. Auflage 2022

Umschlaggestaltung: Björn Locke Curldesign, Nürtingen.
Bildnachweis: Alle Fotografien von Katharina Hild, Reutlingen.
Illustrationen: © Anastasiya Norina – Shutterstock;
© tetiana_u – Shutterstock; © Simple Line – Shutterstock.
Layout und Satz: Silke Schüler, München.
Lektorat: Gertrud Menczel, Böblingen.

Printed in Slovenia by Florjančič.

ISBN 978-3-8425-2375-3

Besuchen Sie uns im Internet und entdecken Sie die Vielfalt unseres Verlagsprogramms: **www.silberburg.de**

Ihre Meinung ist wichtig für unsere Verlagsarbeit. Senden Sie uns Ihre Kritik und Anregungen an **meinung@silberburg.de**